동영상 강의 홈페이지(나눔복지교육원, www.hrd-elearning.com)
저자 직강의 동영상 강의 제공(유료)으로 학습 효율성 제고

청소년지도사 면접가이드

1·2·3급 공통

2025

김형준 편저

▸ 최신 청소년 통계 반영과 면접기출 족보내용과 예시답변 수록
▸ 5가지 면접 평정항목을 잘 준비할 수 있는 알찬 구성(Q & A)
▸ 청소년지도와 관련된 전공지식(정책), 시사 이슈, 상황질문 등 정리

나눔Book

PREFACE
이 책의 머리말

2025년 '청소년지도사'의 최종합격을 소망합니다.

청소년지도사 면접시험의 평가항목은 ① 청소년지도사로서의 가치관 및 정신자세, ② 예의/품행 및 성실성, ③ 의사발표의 정확성 및 논리성, ④ 청소년에 관한 전문지식과 그 응용능력, ⑤ 창의력/의지력 및 지도력으로 모두 5가지입니다.

[2025 청소년지도사 면접가이드]는 청소년지도사 면접시험에 적합한 교재가 필요함을 인식하여, 면접시험의 출제 동향을 소개함과 아울러, 모범적으로 답할 수 있도록 도움을 드리기 위한 교재입니다.

[2025 청소년지도사 면접가이드]의 주요 특징은 다음과 같습니다.

첫째, 최신 청소년 통계를 반영하였으며, 기 출제된 내용과 예시답변을 수록하였습니다.

둘째, 5가지 평정항목에 따라 잘 준비할 수 있도록 내용을 알차게 구성하였습니다.

셋째, 청소년지도와 관련된 전공지식 및 정책, 시사 이슈, 상황질문 등을 정리하였습니다.

넷째, 저자 직강의 동영상 강의(나눔복지교육원, www.hrd-elearning.com)를 제공하여 보다 효율적인 학습이 될 수 있도록 하였습니다.

마지막으로 저자 직강의 동영상 강의(www.hrd-elearning.com)를 유료로 제공하여 이에 대한 자세한 설명을 보실 수 있도록 하였습니다.

감사의 말씀을 전합니다.

[2025 청소년지도사 면접가이드] 교재 편집과 출간에 힘써 준 (주) 고시고시 대표님과 임직원 여러분들께 감사드립니다.

2025년 청소년지도사 최종합격을 위해 준비하시는 수험생 여러분의 꿈 실현을 기원합니다.

편저자 대표 **김형준** 씀

INFORMATION
이 책의 정보

1. 면접시험의 개요

필기시험에서는 응시자의 지식의 양 또는 질은 저울질 할 수 있어도 그 지식 그대로 직무에 활용된다고 할 수 없으며 또한 필기시험이 면제된 응시자의 경우, 응시자의 인성을 모두 알 수 없기 때문에, 직접 대면을 통해 잠재적인 능력이나 창의력, 사고력 등을 확인해 볼 필요가 있다. 결론적으로 면접시험은 최종적으로 응시자의 인성 및 지식의 정도 등을 알아보는 구술시험이자, 인물시험이라고 할 수 있다.

면접시험에서 응시자의 답변은 구체적이고 명확하며, 경험적이어야 한다. 그리고 많은 응시자들이 청소년지도사의 업무나 청소년분야의 정책들에 대해 잘 숙지하지 못해 감점을 당하는 경우가 많으므로 청소년지도사의 업무는 무엇인지, 청소년분야에서 어떠한 정책들이 이루어지고 있는지 등에 대해 관련 분야의 홈페이지 등을 잘 살펴서 구체적으로 알아두고, 질문을 받았을 때는 무작정 답변을 하기보다는 예상답변을 압축해 표현하는 기술을 익히는 것이 바람직하다.

2. 면접시험의 평가항목 및 합격기준

1 평가항목

1) **청소년지도사로서의 가치관 및 정신자세**
   청소년에 대한 기본적 이해, 사명감과 지도철학, 사회적 책임 등

2) **예의·품행 및 성실성**
   사용용어의 적절성, 자질 및 태도, 성실한 답변을 위한 노력 등

3) **의사발표의 정확성 및 논리성**
   질문내용에 대한 이해 및 답변의 정확성, 논리적 의사표현능력, 원활한 의사소통을 위한 전문성 등

4) **청소년에 관한 전문지식과 그 응용능력**
   청소년관련 법령 및 정책에 대한 이해, 청소년분야에 대한 기초 및 전문지식, 청소년활동프로그램에 대한 이해 및 운영능력 등

INFORMATION
이 책의 정보

5) 창의력·의지력 및 지도력

환경변화에 따른 창의적인 청소년 지도능력, 긴급 위기상황 발생 시 문제해결 및 대처능력, 개인적 역량 강화 및 발전방안

2 합격자 결정

5가지 평가영역(각각 3점 만점)에서 총 15점 만점 중 10점 이상을 받아야 합격하며, 5개 영역 중 어느 하나의 영역이라도 면접위원 2명 이상이 '하(1점)'의 평가를 하면 불합격 처리

면접시험 수험자 유의사항

1. 수험자는 시험일시·장소 및 입실시간을 정확하게 확인 후 신분증과 수험표를 소지하고 시험당일 입실시간까지 해당 시험장 수험자 대기실에 입실하여야 합니다.
   ※ 입실시간 이후에는 시험 응시가 불가하므로 시간 내 도착하여야 함
2. 소속회사 근무복, 군복, 교복 등 제복(유니폼)을 착용하고 시험장에 입실할 수 없습니다.(특정인임을 알 수 있는 모든 의복 포함)

청소년지도사 면접가이드

3. 면접 시 고득점 10계명

1 자기소개는 짧게(30초~1분) 관심분야와 장점이 부각되게 하라.

자기소개는 짧은 단어나 문장으로 자신을 명쾌하게 표현할 수 있는 헤드라인을 만드는 것이 필요하며 유행어나 화려한 수사어구를 남발하는 것은 바람직하지 않다.

2 결론부터 이야기하는 두괄식의 표현으로 답변하라.

부연설명은 그 다음에 구체적으로 조리 있게 말한다.

3 올바른 경어를 사용하라.

유행어는 피하고 경어를 사용하는 것이 좋다.

4 질문의 요지를 파악하고 최후의 순간까지 최선을 다하라.

질문 요지를 이해하고 질문의 요지에 맞는 명확한 답변을 하는 것이 좋다. 만일, 대답을 잘못했다고 할지라도 포기하지 말고 최선을 다하는 모습으로 임하는 것이 감점의 요인이 되지 않을 수 있다.

5 이완된 상태에서 편안한 분위기를 연출하라.

상황에 맞는 유머는 대화를 활성화시킨다. 다소 딱딱한 주제의 질문이라면, 에피소드를 첨가해 깊은 인상을 심어줄 수 있다.

6 잘못된 버릇은 금물이며 자신을 재점검하라.

면접위원을 불쾌하게 하는 의사전달이나 너무 큰 목소리나 빠른 말투, 불안정한 시선, 자신도 모르는 버릇 등에 주의하며 자신을 점검한다.

TIP
면접 상황과 면접 준비 팁

7 청소년지도사의 역할과 관련 정책과 제도 등에 대해 100% 파악하라.

청소년지도사의 업무 등에 대한 생각을 정리해 두면 답변에 많은 도움이 된다. 많은 면접질문에 해당하는 것이 청소년 관련 법률과 정책이기 때문에, 청소년분야의 정책에 대한 견해 등 그 내용을 정리해 두면 어떤 질문이라 해도 즉석에서 응용하여 답변하기 쉬울 것이다.

8 실전과 같은 연습으로 감각을 익혀라.

약 5명 정도 면접스터디 그룹을 구성하여 빈출 면접질문과 최근 시사이슈(아동학대, 학교폭력, 성폭력 등), 청소년 관련정책과 인성 관련 질문지를 만들어 역할분담을 하고 실전과 같은 연습을 하는 것이 좋다.

9 친밀감과 신뢰를 구축하고 자신의 장점을 부각하라.

면접장에 들어오는 태도, 인사하는 법, 앉는 자세, 밝은 미소와 표정도 면접합격을 위한 점수에 반영된다. 그리고 청소년분야에 기여할 수 있는 자신의 장점을 중간 중간에 면접위원에게 보여주는 것이 좋다.

10 면접위원의 말을 성실하게 들으며 경력 등에 대해 거짓말은 피하라.

가장 성공적인 대화는 말하기가 30%, 경청이 70%라고 하듯이, 면접위원의 말을 진지한 태도로 경청하는 것은 자신이 많은 말을 하는 것 못지않게 중요하다. 자신의 청소년지도사로서의 적격성을 높이기 위해 경력 등에 있어서 거짓말을 하면, 계속 이어지는 질문에 거짓말을 더하게 되어 일관성이 없어 보이므로 거짓말은 금물이다.

청소년지도사 면접가이드

1. 먼저 수험번호에 맞게 면접대기실에서 대기한다.

2. 면접도우미가 온 후 수험번호 순서대로 앞으로 나가, 자신이 직접 면접번호표를 무작위로 뽑는다.

3. 면접이 이루어지는 고사실에는 자신이 뽑은 순서대로 대개 3인 1개조로 들어가게 되는데, 만약 결시생이 있다면 2명이 들어갈 수도 있다.

4. 면접위원은 3명이며 질문은 무작위로 하기 때문에 자신이 가장 먼저일 수도 있으며 가장 나중일 수도 있다.

5. 처음부터 자기소개 질문을 하는 면접위원은 그리 많지 않지만, 질문 중간 중간에 많지는 않아도, 자기소개의 질문이 있을 수 있다.

6. 질문의 형태는 하나의 질문을 던져, 답변이 이루어지면 그에 따른 후속질문(일명 꼬리질문)을 계속 받게 된다.

7. 옆에 있는 응시자는 앞 응시자의 질문을 재차 받을 수도 있으며, 전혀 다른 새로운 질문을 받을 수도 있다.

8. 단정한 복장으로 입실할 때와 퇴실할 때 밝은 미소로 면접위원들을 응시하면서 가벼운 목례는 잊지 않는 것이 좋다.

9. 질문의 형태는 지식적인 답변을 요구하는 질문(1차 필기시험의 영역)도 나오기 때문에 이에 대한 숙지가 필요하다.

10. 마지막으로 청소년지도사가 되고자 하는 동기, 자신의 장점, 청소년지도사가 된 후 어떻게 할 것인가 등 자신의 견해를 묻는 질문도 있으니, 이에 대한 대비도 요구된다.

청소년 지도사 최종합격 수기

작성자 : 김*주

안녕하세요:) 저는 사회복지 전공자이자, 청소년 지도사 시험에 합격한 수험생입니다.
평소 청소년 복지에 관심이 많았기에 해당 분야 관련 자격증을 많이 취득하고자 하였고, 그 중 하나가 청소년 지도사 자격증이었습니다. 다행히 저는 전공수업을 통해 필수과목을 모두 이수하였기 때문에 필기면제로 면접시험만 준비하면 되는 상황이었습니다. 하지만 학업과 사회복지사 1급 준비, 직장생활을 병행하고 있었기 때문에 면접 준비에 많은 시간을 투자하기가 쉽지 않았습니다. 그런 저에게 큰 도움이 되었던 것은 김형준 교수님의 면접 가이드 강의였습니다.

처음 강의를 들을 때는 교수님께서 알려주신 중요한 이론들과 내용을 교재에 정리하면서, 교재에 수록된 질문들에 대한 제 답변도 생각나는 대로 써보았습니다. 낯설고 어렵게 느껴지는 질문들과 이론들 때문에 초반에는 많이 힘들었지만, 교수님의 설명을 따라 차근차근 이해하며 준비를 이어갈 수 있었습니다. 김형준 교수님의 강의는 면접에서 자주 나오는 핵심 질문들과 반드시 알아야 할 이론, 다양한 기출문제를 자세하고 꼼꼼하게 설명해주셔서 단기간에도 효과적으로 정리하고 익힐 수 있었습니다. 이후 반복해서 강의를 들으며 답변과 이론을 점점 간결하고 명확하게 정리할 수 있었고, 면접 직전에는 중요하다고 생각한 질문과 이론만 따로 노트에 정리하여 반복해서 연습했습니다. 공부를 본격적으로 시작한 것은 면접 두 달 전이었지만, 강의 수강과 꾸준한 연습을 통해 면접에 충분한 자신감을 가질 수 있었습니다.

면접 당일, 떨리는 마음을 안고 서울 자양역 근처에 위치한 한국산업인력공단 서울동부국가자격시험장으로 향했습니다. 노트만 가지고 갈까 하다가 혹시나 하는 마음에 교재도 함께 챙겨갔고, 면접장에 들어가기 전까지 두 자료를 번갈아 보며 마지막 복습을 했습니다. 입으로는 그동안 연습한 답변들을 계속 되뇌이며 긴장을 풀려고 노력했습니다.

청소년지도사 면접가이드

오랜 대기 끝에, 다른 두 분과 함께 면접 시험장에 들어갔습니다. 심사위원 분들은 처음엔 조금 무서워 보였지만, 친절하게 면접을 진행해주셨습니다. 다만, 면접질문과 답변에 대한 추가 질문이 날카로워서 면접 내내 긴장감을 유지할 수밖에 없었습니다. 그래도 다행히 제가 준비한 질문들이 나와서, 큰 실수 없이 대답을 잘할 수 있었습니다. 제 답변이 막힘없이 이어질 때마다 심사위원 분들도 흥미롭게 들어주셨고, 면접이 끝났을 때는 후련함과 함께 뿌듯함이 밀려와 정말 행복했습니다. 그렇게 저는 최종적으로 청소년 지도사에 합격할 수 있었습니다.

이 글을 보시는 분들께 꼭 전하고 싶은 말이 있습니다. 아직 늦지 않았습니다. 하고자 하는 마음만 있다면, 누구든지 무엇이든 해낼 수 있다고 믿습니다. 부디 수험생 여러분의 최종합격을 기원합니다.

마지막으로, 제가 합격할 수 있도록 좋은 가르침과 큰 힘이 되어주신 김형준 교수님, 그리고 따뜻한 기업, 나눔복지교육원에 진심으로 감사드립니다.

CONTENTS
이 책의 차례

PART 01   청소년지도사 면접가이드 1·2·3급 공통

- CHAPTER 01   인성 ··· 12
- CHAPTER 02   청소년관련 법률과 목적 및 용어의 정의 ································· 17
- CHAPTER 03   청소년관련 법률과 시설 및 위원회 ··· 24
- CHAPTER 04   청소년관련 정책 및 전달체계 등 ··· 28
- CHAPTER 05   청소년관련 시사 이슈 ·· 63
- CHAPTER 06   면접 기출(족보) 정리 ·· 73
- CHAPTER 07   청소년정책 용어정리 ·· 153

PART 02   부록 Appendix

- CHAPTER 01   청소년활동 공모프로그램 사례 ·· 170

PART 1

CHAPTER 01	인성
CHAPTER 02	청소년관련 법률과 목적 및 용어의 정의
CHAPTER 03	청소년관련 법률과 시설 및 위원회
CHAPTER 04	청소년관련 정책 및 전달체계 등
CHAPTER 05	청소년관련 시사 이슈
CHAPTER 06	면접 기출(족보) 정리
CHAPTER 07	청소년정책 용어정리

CHAPTER 01 인성

01 간단한 자기소개하기 – '전공과 소속·직급·직위는 언급하지 말 것'

자기소개를 자신의 성장과정과 연결해서 소개, 자기소개는 역량과 경험, 그리고 청소년지도사로서의 활동 포부 등으로 30초 스피치의 분량

-개별적으로 작성하기

02 청소년분야와 관련된 실무 경험이 있다면?

자신의 경력사항을 묻는 것으로, 청소년분야와 관련된 경력에 대해

-개별적으로 작성해보기

03 자신의 청소년기 시절은 어땠는지?

모범답변 청소년기에 힘들었던 것이라면, 같은 시기에 사춘기를 맞았던 동생들의 일탈을 막는 것이었습니다. 가정의 경제적인 어려움으로 인하여 많이 힘들었지만, 현명하신 어머니의 가르침과 주위에 많은 이웃과 선생님의 도움으로 경제적인 어려움을 이겨내고, 성실한 자세로 청소년기를 보낼 수 있었습니다.

04 청소년지도사를 취득하고자 하는 계기는?

-자신의 특별한 계기를 개별적으로 작성해보기

모범답변 최근 우리 사회는 위기청소년의 문제가 대두되고 있습니다. 예를 들어 성, 도벽, 약물 등의 비행 관련 문제, 따돌림, 학교폭력, 가출, 무단결석 등의 학교부적응 관련 문제, 쉽게 자살하는 등의 생명경시 문제, 인터넷 중독 등의 문제에 대해 위기개입이 필요합니다. 또한, 많은 지역사회 자원을 연계하는 다중 체계적 관점으로 청소년의 안전보장을 구축하는 제도가 마련되어 있는데, 이에 제가 미력하나마 도움이 되고자 하는 마음으로 자격을 취득하려고 합니다.

청소년지도사가 되고자 하는 동기

모범답변 현대 우리 사회 청소년들의 학업과 진로에 대한 고민을 잘 경청하고 자신의 정체성 확립을 위해 노력하는 청소년을 돕고 싶습니다. 그리고 제가 보냈던 청소년기를 생각하면서, 이를 전문적으로 적용하여 현 세대의 청소년들이 보다 더 행복한 청소년기를 보내며 각자 지니고 있는 개성을 잘 발휘하도록 도와주는 청소년의 좋은 동반자가 되고 싶습니다.

05 자신의 장점과 단점은?

모범답변 저는 인간을 존중하는 마음, 수용과 배려, 그리고 상대방에 대한 공감능력이 장점입니다. 단점은 너무 꼼꼼하여 의사결정이 조금 늦어지는 경향이 있다는 것입니다. 이를 보완하기 위해 일의 우선순위를 정하여 처리하는 습관을 기르고 있습니다.

06 청소년지도사로서 요구되는 자질은 무엇이며 자신은 이를 겸비하고 있는지?

모범답변 청소년지도사는 청소년의 마음을 충분히 이해하고 청소년을 존중할 줄 아는 인간적 자질 및 예술가 자질을 갖추어야 하며 더 나아가 관련 전문지식을 함양하여 전문성을 갖추고, 또한 과학자적인 자질도 요구된다고 생각합니다. 저는 이러한 자질은 함양하고 있으며 부족한 점은 개선하여 나가는 발전적인 모습을 보여드릴 자신이 있습니다.

07 자신이 본받고 싶은 위인이 있다면?

모범답변 저는 앤 설리번(Anne Sullivan)을 본받고 싶습니다. 앤 설리번은 헬렌 켈러의 선생님으로 유명한 미국의 교육가입니다. 어린 시절 장애를 지녔던 설리번 또한, 커다란 아픔을 겪었기에 헬렌을 이해하려고 노력하면서 열정과 사랑으로 헬렌을 가르쳐 그녀의 인생을 풍요롭게 만들 수 있었습니다. 이처럼 저도 많은 청소년들을 이해하면서 아픔을 나누고 청소년들이 보다 더 잘 성장할 수 있는 버팀목이 되고 싶습니다.

08 청소년을 만날 때 도움이 되는 자신만의 구체적인 관계형성의 기법은?

모범답변 청소년지도사는 첫 인상을 잘 관리하되, 청소년에게 호감을 줄 수 있는 소품과 복장 및 행동을 선택하는 것이 좋습니다. 그리고 관계형성을 위해 청소년 중심의 개입 목표를 설정하여야 합니다. 저는 첫 인상을 좋게 보이기 위한 노력을 많이 합니다. 그리고 상대방의 입장에서 생각할 줄 알고 친밀감 있게 다가갈 줄 알며, 공감할 수 있는 능력을 지니고 있습니다.

09 청소년지도사를 공부하는데 부족한 부분이 있다면?

<u>-개별적으로 작성해보세요</u>

10 청소년지도사가 되기 위해 어떤 노력을 하였는지?

<u>- 청소년관련 활동을 중심으로 개별적으로 작성해보세요</u>

11 청소년지도사가 된다면 청소년을 위해 어느 분야(또는 어떤 활동이나 지도)의 일을 하고 싶은지?

-개별적으로 작성해보세요

12 자신이 생각하는 바람직한 청소년지도사의 모습(청소년 지도사상)은?

모범답변 저는 특기가 악기를 연주하는 것입니다. 제가 잘 하는 악기연주를 통해 청소년들과 함께 어울려 소통하고 공감하는 지도력을 발휘하고 싶습니다. 더 나아가 악기를 배우고 싶다는 청소년들이 있다면 악기연주를 가르쳐주어 충분히 청소년 스스로 자신의 정서를 음악을 통해 함양해 나갈 수 있도록 돕고 싶습니다.

13 자신의 특기를 살려 청소년을 지도한다면 어떻게 지도할 것인가?

모범답변 저는 특기가 악기를 연주하는 것입니다. 제가 잘 하는 악기연주를 통해 청소년들과 함께 어울려 소통하고 공감하는 지도력을 발휘하고 싶습니다. 더 나아가 악기를 배우고 싶다는 청소년들이 있다면 악기연주를 가르쳐주어 충분히 청소년 스스로 자신의 정서를 음악을 통해 함양해 나갈 수 있도록 돕고 싶습니다.

14 청소년 프로그램 준비는 어떻게 하겠는가?

모범답변 제가 지도자로서 청소년프로그램을 준비한다면, 저는 청소년들이 협동심과 남을 배려하는 마음을 지니도록 다양한 프로그램을 준비하고 싶습니다. 현대 청소년들은 개인주의가 만연한 사회 속에서 성장하면서 남을 배려하기보다는 자기중심적인 마음을 지니기 쉽습니다. 타인과의 협동 활동 프로그램을 통해서 대인관계능력의 발달과 올바른 인성을 가질 수 있도록 청소년들에게 다양하고 적합한 프로그램을 개발하고 운영하여 나갈 것입니다.

15 청소년 프로그램 준비는 어떻게 하겠는가?

> 모범답변

1 3급의 경우

청소년지도사 3급을 취득한 후에는 관련분야의 전문성을 더 함양하기 위해 청소년관련 학과에 진학하여 더욱 정진하고 싶습니다. 또한 기회가 주어진다면 청소년과 함께 할 수 있는 기관에 취업하여 저의 역량을 발휘하고 싶습니다.

2 2급의 경우

청소년지도사 2급을 취득한 후에는 청소년수련시설에 취업하여 청소년의 성장을 돕는 프로그램을 개발하고 수행하는 일에 전념하고 싶습니다. 청소년들의 전인적인 성장과 함께 건강한 가족생활을 돕는 동반자로서의 역할을 다하고 싶습니다.

16 청소년지도사로서의 포부는?

> 모범답변

저는 청소년의 건강한 성장뿐만 아니라, 건강한 가정이 될 수 있도록 함께 노력할 수 있는 청소년지도사로서의 기본적인 자질을 지니고 있습니다. 저에게 부족한 점이 있으면 바로 보완하고 개선해 나가면서 하루하루 성장해 나가는 청소년지도사가 될 수 있도록 최선의 노력을 다하겠습니다.

CHAPTER 02 청소년관련 법률과 목적 및 용어의 정의

01 청소년관련 법률과 목적

1 청소년 기본법(1991년 제정) – 목적(제1조)

청소년의 권리 및 책임과 가정·사회·국가·지방자치단체의 청소년에 대한 책임을 정하고 청소년정책에 관한 기본적인 사항을 규정함을 목적으로 한다.

2 청소년복지 지원법(2004년 제정) – 목적(제1조)

「청소년 기본법」에 따라 청소년복지 향상에 관한 사항을 규정함을 목적으로 한다.

3 청소년활동 진흥법(2004년 제정) – 목적(제1조)

「청소년 기본법」에 따라 다양한 청소년활동을 적극적으로 진흥하기 위하여 필요한 사항을 정함을 목적으로 한다.

4 청소년 보호법(1997년 제정) – 목적(제1조)

청소년에게 유해한 매체물과 약물 등이 청소년에게 유통되는 것과 청소년이 유해한 업소에 출입하는 것 등을 규제하고 청소년을 유해한 환경으로부터 보호·구제함으로써 청소년이 건전한 인격체로 성장할 수 있도록 함을 목적으로 한다.

5 아동·청소년의 성보호에 관한 법률(2009년 전부 개정) – 목적(제1조)

아동·청소년대상 성범죄의 처벌과 절차에 관한 특례를 규정하고 피해아동·청소년을 위한 구제 및 지원 절차를 마련하며, 아동·청소년대상 성범죄자를 체계적으로 관리함으로써 아동·청소년을 성범죄로부터 보호하고 건강한 사회구성원으로 성장할 수 있도록 함을 목적으로 한다.

6 아동복지법(1981년 제정) – 목적(제1조)

아동이 건강하게 출생하여 행복하고 안전하게 자랄 수 있도록 아동의 복지를 보장하는 것을 목적으로 한다.

7 학교폭력예방 및 대책에 관한 법률(2004년 제정) – 목적(제1조)

학교폭력의 예방과 대책에 필요한 사항을 규정함으로써 피해학생의 보호, 가해학생의 선도·교육 및 피해학생과 가해학생 간의 분쟁조정을 통하여 학생의 인권을 보호하고 학생을 건전한 사회구성원으로 육성함을 목적으로 한다.

8 학교 밖 청소년 지원에 관한 법률(2014년 제정) – 목적(제1조)

이 법은 「청소년 기본법」에 따라 학교 밖 청소년 지원에 관한 사항을 규정함으로써 학교 밖 청소년이 건강한 사회구성원으로 성장할 수 있도록 함을 목적으로 한다.

9 소년법(1958년 제정) – 목적(제1조)

반사회성(反社會性)이 있는 소년의 환경 조정과 품행 교정(矯正)을 위한 보호처분 등의 필요한 조치를 하고, 형사처분에 관한 특별조치를 함으로써 소년이 건전하게 성장하도록 돕는 것을 목적으로 한다.

10 한국청소년연맹 육성에 관한 법률(1981년 제정) – 목적(제1조)

대한민국 청소년에 대한 전인교육(全人敎育)과 훈련을 통하여 새로운 민족관과 국가관을 정립시켜 조국통일과 민족 웅비(雄飛)의 새 역사 창조에 이바지할 수 있는 민족주체세력을 양성함과 동시에 세계로 향한 진취적 기상을 북돋우기 위하여 설립된 사단법인 한국청소년연맹을 지원·육성함으로써 민족의 번영과 국가·사회 발전에 이바지함을 목적으로 한다.

> **참고 청소년 관련법들의 제정 배경**
>
> 1) 청소년 기본법
>   청소년 기본법은 1987년 11월에 제정된 '청소년육성법'을 폐지하고 대체 입법된 것으로 미래사회의 주역이 될 청소년들이 지식을 바탕으로 건강하고 정서와 용기가 충만하며, 예절과 협동을 바탕으로 공동체적 삶을 실천하고, 자유민주주의 원칙에 대한 신념과 조국에 대한 긍지를 가지고 인류공영에 이바지할 줄 아는 밝고 능동적인 모습으로 자랄 수 있도록 하기 위하여 가정·사회 및 국가의 책임과 의무를 정하고 이를 실천하기 위한 기본적인 사항을 정하려는 것이다.
>
> 2) 청소년 보호법
>   우리 사회의 자율화와 물질만능주의 경향에 따라 날로 심각해지고 있는 음란·폭력성의 청소년유해매체물과 유해약물 등의 청소년에 대한 유통과 유해한 업소에의 청소년출입 등을 규제함으로써, 성장과정에 있는 청소년을 각종 유해한 사회환경으로부터 보호·구제하고 나아가 건전한 인격체로 성장할 수 있도록 하려는 것이다.
>
> 3) 아동·청소년의 성보호에 관한 법률
>   제명을 「청소년의 성보호에 관한 법률」에서 「아동·청소년의 성보호에 관한 법률」로 개정하여 아동도 이 법에 따른 보호대상임을 명확히 하고, 아동·청소년을 대상으로 한 유사 성교 행위 및 성매수 유인행위 처벌 규정을 신설하며, 성범죄 피해자 및 보호자에 대한 합의 강요행위를 처벌하는 규정을 신설하도록 하여 아동·청소년의 성보호를 더욱 강화하는 한편, 아동·청소년 성범죄자는 재범가능성 및 범죄의 경중 등을 고려하여 정보통신망을 통하여 신상정보를 공개하도록 함으로써 아동·청소년 성범죄에 대한 경각심을 제고하고, 양벌규정을 보완하며, 의무의 실효성 확보를 위한 과태료를 신설하는 등 제도 전반의 미비점을 개선하고 보완하려는 것이다.

02 청소년관련 법률과 용어의 정의

1 청소년 기본법

(1) 청소년

9세 이상 24세 이하의 자를 말한다. 다만, 다른 법률에서 청소년에 대한 적용을 달리할 필요가 있는 경우에는 따로 정할 수 있다.

> **실력다지기** 　**청소년의 달/청소년 주간**
>
> **청소년의 달**
> 청소년의 능동적이고 자주적인 주인의식을 고취하고 청소년육성을 위한 국민의 참여분위기를 조성하기 위하여 매년 5월을 청소년의 달로 한다.
>
> **청소년 주간**
> 2008년부터 매년 5월 넷째 주를 청소년 주간으로 지정하여 우리의 미래세대를 이끌 청소년들이 꿈과 희망을 가지고 자신의 가능성을 더 크게 키우며 건강하게 성장할 수 있도록 지원하고 있다.

(2) 청소년육성

청소년활동을 지원하고 청소년의 복지를 증진하며 근로 청소년을 보호하는 한편, 사회여건과 환경을 청소년에게 유익하도록 개선하고 청소년을 보호하여 청소년에 대한 교육을 보완함으로써 청소년의 균형 있는 성장을 돕는 것을 말한다.

(3) 청소년활동

청소년의 균형 있는 성장을 위하여 필요한 활동과 이러한 활동을 소재로 하는 수련활동·교류활동·문화활동 등 다양한 형태의 활동을 말한다.

(4) 청소년복지

청소년이 정상적인 삶을 영위할 수 있는 기본적인 여건을 조성하고 조화롭게 성장·발달할 수 있도록 제공되는 사회적·경제적 지원을 말한다.

(5) 청소년보호

청소년의 건전한 성장에 유해한 물질·물건·장소·행위 등 각종 청소년 유해환경을 규제하거나 청소년의 접촉 또는 접근을 제한하는 것을 말한다.

(6) 청소년시설

청소년활동·청소년복지 및 청소년보호에 제공되는 시설을 말한다.

(7) 청소년지도자

청소년지도사 및 청소년상담사와 청소년시설·청소년단체·청소년관련기관 등에서 청소년육성 및 지도업무에 종사하는 자를 말한다.

(8) 청소년단체

청소년육성을 주된 목적으로 설립된 법인 또는 대통령령으로 정하는 단체를 말한다.

2 청소년활동 진흥법

(1) 청소년활동

「청소년 기본법」에 규정된 청소년활동을 말한다.

(2) 청소년활동시설

수련활동·교류활동·문화활동 등 청소년활동에 제공되는 시설을 말한다.

(3) 청소년수련활동

청소년이 청소년활동에 자발적으로 참여하여 청소년 시기에 필요한 기량과 품성을 함양하는 교육적 활동으로서 청소년지도자와 함께 청소년수련거리에 참여하여 배움을 실천하는 체험활동을 말한다.

(4) 청소년교류활동

청소년이 지역 간·남북 간·국가 간의 다양한 교류를 통하여 공동체의식 등을 함양하는 체험활동을 말한다.

(5) 청소년문화활동

청소년이 예술활동·스포츠활동·동아리활동·봉사활동 등을 통하여 문화적 감성과 더불어 살아가는 능력을 함양하는 체험활동을 말한다.

(6) 청소년수련거리

수련활동에 필요한 프로그램과 이와 관련되는 사업을 말한다.

(7) 숙박형 청소년수련활동

19세 미만의 청소년(19세가 되는 해의 1월 1일을 맞이한 사람은 제외)을 대상으로 청소년이 자신의 주거지에서 떠나 청소년수련시설 또는 그 외의 다른 장소에서 숙박·야영하거나 청소년수련시설 또는 그 외의 다른 장소로 이동하면서 숙박·야영하는 청소년수련활동을 말한다.

(8) 비숙박형 청소년수련활동

19세 미만의 청소년을 대상으로 청소년수련시설 또는 그 외의 다른 장소에서 실시하는 청소년수련활동으로서 실시하는 날에 끝나거나 숙박 없이 2회 이상 정기적으로 실시하는 청소년수련활동을 말한다.

3 청소년복지 지원법

(1) 청소년
「청소년 기본법」에 해당하는 9세 이상 24세 이하인 사람을 말한다.

(2) 청소년복지
「청소년 기본법」에 따라 청소년이 정상적인 삶을 누릴 수 있는 기본적인 여건을 조성하고 조화롭게 성장·발달할 수 있도록 제공되는 사회적·경제적 지원을 말한다.

(3) 보호자
친권자, 법정대리인 또는 사실상 청소년을 양육하는 사람을 말한다.

(4) 위기청소년
가정 문제가 있거나 학업 수행 또는 사회 적응에 어려움을 겪는 등 조화롭고 건강한 성장과 생활에 필요한 여건을 갖추지 못한 청소년을 말한다.

4 청소년 보호법

(1) 청소년
만 19세 미만인 사람을 말한다. 다만, 만 19세가 되는 해의 1월 1일을 맞이한 사람은 제외한다.

(2) 청소년유해매체물
청소년보호위원회가 청소년에게 유해한 것으로 결정하거나 확인하여 여성가족부장관이 고시한 매체물과 각 심의기관이 청소년에게 유해한 것으로 심의하거나 확인하여 여성가족부장관이 고시한 매체물이다.

(3) 청소년유해약물
청소년에게 유해한 것으로 인정되는 「주세법」에 따른 주류, 「담배사업법」에 따른 담배, 「마약류 관리에 관한 법률」에 따른 마약류, 「화학물질관리법」에 따른 환각물질, 그 밖에 중추신경에 작용하여 습관성, 중독성, 내성 등을 유발하여 인체에 유해하게 작용할 수 있는 약물 등 청소년의 사용을 제한하지 아니하면 청소년의 심신을 심각하게 손상시킬 우려가 있는 약물로서 대통령령으로 정하는 기준에 따라 관계 기관의 의견을 들어 청소년보호위원회가 결정하고 여성가족부장관이 고시한 것

(4) 청소년폭력·학대
폭력이나 학대를 통하여 청소년에게 신체적·정신적 피해를 발생하게 하는 행위를 말한다.

(5) 청소년유해환경
청소년유해매체물, 청소년유해약물 등, 청소년유해업소 및 청소년폭력·학대를 말한다.

5 아동·청소년의 성보호에 관한 법률

(1) 아동·청소년

19세 미만의 자를 말한다. 다만, 19세에 도달하는 연도의 1월 1일을 맞이한 자는 제외한다.

(2) 아동·청소년대상 성범죄 등

아동·청소년에 대한 강간·강제추행 등, 장애인인 아동·청소년에 대한 간음 등, 강간 등 상해·치상, 강간 등 살인·치사, 아동·청소년이용음란물의 제작·배포 등, 아동·청소년 매매행위, 아동·청소년의 성을 사는 행위 등, 아동·청소년에 대한 강요행위, 알선영업행위 등을 말한다.

(3) 아동·청소년대상 성폭력범죄

아동·청소년대상 성범죄에서 아동·청소년이용음란물의 제작·배포 등, 아동·청소년 매매행위, 아동·청소년의 성을 사는 행위 등, 아동·청소년에 대한 강요행위, 알선영업행위 등의 죄를 제외한 죄를 말한다.

(4) 아동·청소년의 성을 사는 행위

아동·청소년, 아동·청소년의 성(性)을 사는 행위를 알선한 자 또는 아동·청소년을 실질적으로 보호·감독하는 자 등에게 금품이나 그 밖의 재산상 이익, 직무·편의제공 등 대가를 제공하거나 약속하고 성교 행위 등을 아동·청소년을 대상으로 하거나 아동·청소년으로 하여금 하게 하는 것을 말한다.

6 학교폭력예방 및 대책에 관한 법률

(1) 학교폭력

학교 내외에서 학생을 대상으로 발생한 상해, 폭행, 감금, 협박, 약취·유인, 명예훼손·모욕, 공갈, 강요·강제적인 심부름 및 성폭력, 따돌림, 사이버 따돌림, 정보통신망을 이용한 음란·폭력 정보 등에 의하여 신체·정신 또는 재산상의 피해를 수반하는 행위를 말한다.

(2) 따돌림

학교 내외에서 2명 이상의 학생들이 특정인이나 특정집단의 학생들을 대상으로 지속적이거나 반복적으로 신체적 또는 심리적 공격을 가하여 상대방이 고통을 느끼도록 하는 일체의 행위를 말한다.

(3) 사이버폭력

정보통신망(「정보통신망 이용촉진 및 정보보호 등에 관한 법률」 제2조제1항제1호의 정보통신망을 말한다)을 이용하여 학생을 대상으로 발생한 따돌림과 그 밖에 신체·정신 또는 재산상의 피해를 수반하는 행위를 말한다.

7 학교 밖 청소년 지원에 관한 법률

(1) 청소년
「청소년 기본법」에 해당하는 9세 이상 24세 이하인 사람을 말한다.

(2) 학교 밖 청소년
① 「초·중등교육법」의 초등학교·중학교 또는 이와 동일한 과정을 교육하는 학교에 입학한 후 3개월 이상 결석하거나 같은 법에 따라 취학의무를 유예한 청소년
② 「초·중등교육법」의 고등학교 또는 이와 동일한 과정을 교육하는 학교에서 같은 법에 따른 제적·퇴학 처분을 받거나 자퇴한 청소년
③ 「초·중등교육법」의 고등학교 또는 이와 동일한 과정을 교육하는 학교에 진학하지 아니한 청소년

(3) 학교 밖 청소년 지원 프로그램
학교 밖 청소년의 개인적 특성과 수요를 고려한 상담지원, 교육지원, 직업체험 및 취업지원, 자립지원 등의 프로그램을 말한다.

CHAPTER 03 청소년관련 법률과 시설 및 위원회

01 청소년관련 법률과 시설

1 청소년활동 진흥법상 청소년활동시설의 종류

(1) 청소년수련시설의 종류

① 청소년수련관
  다양한 수련거리를 실시할 수 있는 각종 시설 및 설비를 갖춘 종합수련시설

② 청소년수련원
  숙박기능을 갖춘 생활관과 다양한 수련거리를 실시할 수 있는 각종 시설과 설비를 갖춘 종합수련시설

③ 청소년문화의 집
  간단한 수련활동을 실시할 수 있는 시설 및 설비를 갖춘 정보·문화·예술중심의 수련시설

④ 청소년특화시설
  청소년의 직업체험·문화예술·과학정보·환경 등 특정 목적의 청소년활동을 전문적으로 실시할 수 있는 시설과 설비를 갖춘 수련시설

> 청소년특화시설의 종류로는 청소년미디어센터, 청소년문화교류센터, 청소년직업체험센터, 청소년 성문화센터 등이 있다.

⑤ 청소년야영장
  야영에 적합한 시설 및 설비를 갖추고 수련거리 또는 야영편의를 제공하는 수련시설

⑥ 유스호스텔
  청소년의 숙박 및 체류에 적합한 시설·설비와 부대·편익시설을 갖추고 숙식편의제공, 여행청소년의 활동지원 등을 주된 기능으로 하는 시설

실력다지기 청소년 수련활동의 구성요소
수련거리, 수련터전, 청소년지도자, 청소년단체, 수련활동 동기부여와 참여시간

(2) 청소년이용시설

수련시설이 아닌 시설로서 그 설치목적의 범위에서 청소년활동의 실시와 청소년의 건전한 이용 등에 제공할 수 있는 시설

> 청소년 이용시설의 종류로는 문화시설, 과학관, 체육시설, 평생교육시설, 자연휴양림, 수목원, 사회복지관, 시민회관, 공원 등이 있다.

실력다지기 청소년활동 진흥법상 생활지도

1) 특별한 경우를 제외하고는 23시 이전에 취침하도록 하여야 하며, 취침시간 후에는 취침을 방해하는 행위가 없도록 하여야 한다.
2) 청소년의 남녀혼숙을 금하여야 한다.
3) 미성년자에 대하여는 음주·흡연행위를 금하여야 하며, 성인이라 하더라도 흡연은 정해진 장소에서 하도록 하고, 음주 등으로 인하여 해당 수련시설을 이용하는 청소년의 지도에 지장을 초래하지 않도록 하여야 한다.
4) 음주자 등 시설의 운영에 지장을 초래할 우려가 있는 사람의 출입을 금지시켜야 한다.
5) 집단급식소 등은 청소년들의 자립정신의 배양을 위하여 자급식 운영을 원칙으로 한다.
6) 청소년에게 정신적·신체적 폭행이나 이와 유사한 행위를 하여서는 안 된다.
7) 청소년의 탈선을 방지하고 타인으로부터의 위해 등을 예방하기 위한 조치를 취하여야 한다.

2 청소년복지 지원법상 청소년복지시설의 종류

(1) 청소년쉼터

가정밖 청소년에 대하여 가정·학교·사회로 복귀하여 생활할 수 있도록 일정 기간 보호하면서 상담·주거·학업·자립 등을 지원하는 시설

> **cf 중장기쉼터**
> 청소년을 사회의 유해한 환경으로부터 보호하고 쉬게 해 주며 숙식을 제공하고, 의료지원은 물론 각종 상담 및 교육, 훈련 프로그램을 통한 서비스를 제공해 자립할 수 있는 기반을 조성해줌으로써 사회 속에서 각자의 삶으로 되돌려 보내기 위한 청소년 시설로서 3년간 보호하고 1년 연장이 가능하다.

(2) 청소년자립지원관

일정 기간 청소년쉼터의 지원을 받았는데도 가정·학교·사회로 복귀하여 생활할 수 없는 청소년에게 자립하여 생활할 수 있는 능력과 여건을 갖추도록 지원하는 시설

(3) 청소년치료재활센터

학습·정서·행동상의 장애를 가진 청소년을 대상으로 정상적인 성장과 생활을 할 수 있도록 해당 청소년에게 적합한 치료·교육 및 재활을 종합적으로 지원하는 거주형 시설

(4) 청소년회복지원시설

「소년법」에 따른 감호 위탁 처분을 받은 청소년에 대하여 보호자를 대신하여 그 청소년을 보호할 수 있는 자가 상담·주거·학업·자립 등 서비스를 제공하는 시설

청소년복지지원시설 비교

구분		주요기능	입소기간
청소년 쉼터	일시쉼터	거리상담, 가출예방, 일시보호 및 단기쉼터 연계 등	7일 이내
	단기쉼터	신속한 가정복귀 및 유관시설 연계 등	3개월 이내(2회 연장가능)
	중장기쉼터	사회복귀를 위한 학업 및 자립 지원	3년 이내(1년 연장가능)
청소년자립지원관		주거안정 기반의 자립 사례관리	1년 이내(최대 2년)
청소년회복지원시설		훈육, 생활지원 및 자립지원	6개월(법원결정을 통해 6개월 이내 1회 연장 가능)

02 청소년관련 법률과 위원회

1 청소년 기본법상 청소년정책위원회

(1) 청소년정책에 관한 주요 사항을 심의·조정하기 위하여 여성가족부에 청소년정책위원회를 둔다.

(2) 청소년정책위원회는 다음의 사항을 심의·조정한다.
① 청소년육성에 관한 기본계획의 수립에 관한 사항
② 청소년정책의 분야별 주요 시책에 관한 사항
③ 청소년정책의 제도개선에 관한 사항
④ 청소년정책의 분석·평가에 관한 사항
⑤ 둘 이상의 행정기관에 관련되는 청소년정책의 조정에 관한 사항

2 청소년 기본법상 지방청소년육성위원회

청소년육성에 관한 지방자치단체의 주요 시책을 심의하기 위하여 특별시장·광역시장·특별자치시장·도지사·특별자치도지사(이하 시·도지사) 및 시장·군수·구청장의 소속으로 지방청소년육성위원회를 둔다.

3 청소년활동 진흥법상 청소년운영위원회

(1) 청소년수련시설(이하 수련시설)을 설치·운영하는 개인·법인·단체 및 위탁운영단체(이하 수련시설운영단체)는 청소년활동을 활성화하고 청소년의 참여를 보장하기 위하여 청소년으로 구성되는 청소년운영위원회를 운영하여야 한다.

(2) 수련시설운영단체의 대표자는 청소년운영위원회의 의견을 수련시설 운영에 반영하여야 한다.

4 청소년복지 지원법상 청소년복지심의위원회 심의사항

(1) 위기청소년의 가족 및 보호자에 대한 여비 등 실비 지급에 관한 사항
(2) 특별지원 대상 청소년 선정에 관한 사항
(3) 선도 대상 청소년 선정에 관한 사항
(4) 통합지원체계 운영 실태점검 및 활성화 방안에 관한 사항
(5) 필수연계기관 간 위기청소년 지원 연계의 활성화 방안에 관한 사항
(6) 위기청소년의 발견 및 보호와 관련된 정책, 조례·규칙의 제정·개정의 제안에 관한 사항

5 청소년 보호법상 청소년보호위원회

다음의 사항에 관하여 심의·결정하기 위하여 여성가족부장관 소속으로 청소년보호위원회를 둔다.

(1) 청소년 유해매체물, 청소년 유해약물 등 청소년유해업소 등의 심의·결정 등에 관한 사항
(2) 과징금 부과에 관한 사항
(3) 여성가족부장관이 청소년보호를 위하여 필요하다고 인정하여 심의를 요청한 사항

6 학교폭력예방 및 대책에 관한 법률상 학교폭력대책위원회

학교폭력의 예방 및 대책에 관한 다음의 사항을 심의하기 위하여 국무총리 소속으로 학교폭력대책위원회를 둔다.

(1) 학교폭력의 예방 및 대책에 관한 기본계획의 수립 및 시행에 대한 평가
(2) 학교폭력과 관련하여 관계 중앙행정기관 및 지방자치단체의 장이 요청하는 사항

7 학교폭력예방 및 대책에 관한 법률상 학교폭력대책지역위원회

(1) 지역의 학교폭력 문제를 해결하기 위하여 시·도에 학교폭력대책지역위원회를 둔다.
(2) 특별시장·광역시장·특별자치시장·도지사 및 특별자치도지사는 지역위원회의 운영 및 활동에 관하여 교육감과 협의하여야 하며, 그 효율적인 운영을 위하여 실무위원회를 둘 수 있다.

8 학교 밖 청소년 지원에 관한 법률상 학교 밖 청소년지원위원회

학교 밖 청소년 지원에 관한 다음의 사항을 심의하기 위하여 여성가족부장관 소속으로 학교 밖 청소년지원위원회를 둔다.

(1) 학교 밖 청소년 지원정책의 목표 및 기본방향에 관한 사항
(2) 학교 밖 청소년 지원을 위한 법령 및 제도의 개선에 관한 사항
(3) 학교 밖 청소년 지원계획의 수립에 관한 사항
(4) 관련 기관 간 협력체계 및 지역사회 중심의 지원체계 구축에 관한 사항

CHAPTER 04 청소년관련 정책 및 전달체계 등

01 제7차 청소년정책기본계획(2023~2027년)

1 제6차 청소년정책기본계획(2018~2022년)의 성과

(1) 다양하고 안전한 청소년 활동 기반 마련
① 진로맞춤형·역량개발 체험활동과 방과후아카데미 연계 강화
② 한·아세안 청소년 서밋 개최 및 세계잼버리 개최 추진 등 다양한 글로벌 중심 활동 활성화
③ 수련시설 대상 전문 안전점검 실시 및 관련 시스템 개발로 안전한 활동공간을 마련하고, 활동인프라 확대로 청소년의 활동 접근성 제고 노력
④ 청소년시설과 학교 간 연계 강화를 위한 관계부처 합동 대책 발표 및 지자체, 교육청과의 MOU 체결 등 협업체계 구축

(2) 위기 청소년 및 학교 밖 청소년에 대한 맞춤형 지원체계 구축
① 관계부처 합동 지역사회 위기청소년 지원 강화방안 마련('19.5), 지자체 청소년안전망팀 신규 도입·확대로 정책 협업체계 강화
② 위기청소년 조기 발굴·실태파악 제도 마련·확대, 보호·지원 기관 등 인프라 확충 등 정책 접근성 제고
③ 쉼터퇴소 청소년 주거지원 근거 마련 및 자립지원수당 지급('21.~) 등 자립기반 확대
④ 학교 밖 청소년에 대한 맞춤형 지원을 강화할 수 있도록 「학교 밖 청소년 지원 강화 대책」 수립·발표('22.12.)
⑤ 코로나19 장기화로 정신건강 악화 등 심리적 어려움을 겪고 있는 청소년들의 종합지원체계 마련을 위해 관계부처 합동 「고위기 청소년 지원 강화 방안」 마련·발표('22.11.)

(3) 청소년 보호환경 조성 및 치유인프라 확충
① 청소년 보호법 이행여부 및 청소년 유해성 사이트(랜덤채팅, 유해업소광고 등) 점검, 시정·차단요청 등 안전한 보호환경 조성 노력
② 미디어 과의존 청소년 발굴 및 치유지원 강화, 청소년회복지원시설운영을 통해 보호처분 청소년에 대한 비행예방·회복지원 내실화
③ 청소년 보호·재활 시설 인프라 확충 및 치유 영역 확대를 통하여 청소년 보호서비스의 실효적 제공 기틀 마련

(4) 지역단위 청소년 참여 기반 확대 및 권익증진 제고

① 청소년기본법 개정으로('18.12.) 청소년정책위원회 위원 구성 시 청소년을 일정 비율 이상 반드시 포함토록 하여 참여권 보장 확대
② 청소년참여위원회 지원을 확대하고, 신규 참여모델 발굴·확산을 위한 지역사회 참여활성화 사업 운영 등 지역 단위 참여활동기반 내실화
③ 온라인 참여기반 확대로 시·공간 제약 없는 참여 지원
④ 여성청소년 생리용품 바우처 지원대상 확대 및 전자바우처 도입('19년~) 등 통해 청소년의 건강권 보장 강화

(5) 유관기관 협업체계 강화 및 지역중심 전달체계 확대

① 정부부처 및 민간전문가 등이 참여하는 청소년정책위원회 운영으로 주요 청소년정책의 심의·조정 및 유관기관 간 협업체계 강화
② 지자체 청소년육성 전담공무원을 확대하고, '청소년정책 분석·평가' 대상을 전체 지자체로 확대·개편하여 지역중심 청소년정책 추진 기반 조성
③ 청소년데이터맵 구축, 청소년사업 디지털전환 교육과정 개발 등 청소년정책·사업의 디지털화 추진

2 제6차 청소년정책기본계획(2018~2022년)의 한계 및 향후 과제

(1) 청소년의 활동 참여에 한계, 디지털 일상화를 반영한 정책 필요성 제기

① 청소년 인구 수 감소와 함께 활동 프로그램과 학교와의 연계 또한 미흡하여 학업·진로 부담을 갖고 있는 청소년의 활동 참여에 한계
② 코로나19 영향과 비대면 수요 증가까지 더해져 청소년 활동 관련 시설 및 프로그램 수요·이용 감소
③ 원격교육 등 비대면 서비스, 디지털 환경의 일상화로 청소년 활동 전반의 디지털화 및 이에 적응할 수 있는 디지털 역량제고 필요성 확대

> • 청소년활동과 학교 간 연계를 강화하여 수요 확보 및 질적 제고
> • 비대면 수요, 디지털 전환 등 환경변화에 따라 디지털 관련 지원 확대

(2) 정책 사각지대와 대상 간 지원 격차가 잔존, 새로운 지원수요 발생

① 자립지원수당 등 지원정책 수준에서 여전히 부처별 소관 유사 복지정책대상 간 지원 편차 발생
② 고등학교 단계 학교 밖 청소년 대상 연계제도 미흡 및 학업중단 시 정보 부족 등 문제로 지원 사각지대에 놓이는 경우 발생
③ 은둔형 등 새로운 유형의 위기 청소년이 증가하고 후기 청소년 등 기존 지원정책에서 소외되었던 대상도 재조명되는 등 지원 수요 확대

> • 실질적 보호·자립을 위해 정책대상 간 지원 수준 격차 해소
> • 사각지대와 소외가 발생하지 않도록 더욱 두터운 지원망 구축

(3) 디지털을 매개로 한 유해요인 증가, 근로시장 변화 등 새로운 환경에 직면

① 온라인을 통한 유해광고물 노출, 사이버 폭력 등 디지털을 매개로 한 청소년 유해요인이 증가하고 있으며, 관련 범죄 또한 증가

② 마약, 도박 등 기존 성인 중심 대상이었던 유해행위·요소들이 청소년들 사이에서도 확산되고 있는 추세

③ 플랫폼 노동 등 근로형태 다양화로 청소년의 노동시장 접근이 용이해짐에 따라 새로운 보호체계 마련 필요성 제기

- 디지털을 매개로 한 유해요인·행위 차단과 피해지원 확대
- 근로형태 다양화에 따른 근로청소년 보호 정책체계 강화

(4) 청소년 참여의 양적·질적 제고, 다양한 권리보장 이슈 제기

① 청소년 참여활동이 '청소년참여기구' 중심으로 이뤄지고 있어 지역 사회 연계 등 통해 청소년 참여를 확산해 나갈 필요

② 청소년 참여의 실효성 제고를 위한 참여 역량 제고 필요성 제기 및 청소년의 건강권 등 권리 이슈 관심 확대

- 일상에서의 참여 등 참여 기회를 다양화하고 참여역량 제고 지원
- 청소년 권리보장을 통해 건강하고 균형있는 성장 지원

(5) 가시적 성과가 미흡, 지역사회 연계 부족으로 낮은 정책 체감도

① 청소년정책 관련 인프라, 재원 확보 등 기반 부족 문제 지속 제기

② 청소년정책이 실제로 작동되는 지역 차원에서 정책에 대한 낮은 관심도, 협업 부족 등으로 현장 체감도 제고에 한계

- 정책 제도·재원·인력 등 정책 추진기반 개선
- 지역 내 청소년정책 확산과 내실있는 작동 위한 협업 강화

3 제7차 청소년정책기본계획(2023~2027년)의 비전 및 목표

비전	디지털 시대를 선도하는 글로벌 K-청소년

목표	청소년 성장기회 제공	안전한 보호 환경 조성

정책 과제	대과제(5개)	중과제(14개)
	❶ 플랫폼 기반 청소년활동 활성화	1-1. 청소년 디지털역량 활동 강화 1-2. 청소년 미래역량 제고 1-3. 다양한 체험활동 확대 1-4. 학교안팎 청소년활동 지원 강화
	❷ 데이터 활용 청소년 지원망 구축	2-1. 위기청소년 복지지원체계 강화 2-2. 청소년 자립 지원 강화 2-3. 청소년 유형별 맞춤형 지원
	❸ 청소년 유해환경 차단 및 보호 확대	3-1. 청소년이 안전한 온·오프라인 환경 조성 3-2. 청소년 범죄 예방 및 회복 지원 3-3. 청소년 근로보호 강화
	❹ 청소년의 참여·권리 보장 강화	4-1. 청소년 참여 활동 강화 4-2. 청소년 권익 증진
	❺ 청소년정책 총괄 조정 강화	5-1. 청소년정책 인프라 개선 5-2. 지역 맞춤형 청소년정책 추진체계 구축

4 제7차 청소년정책기본계획(2023~2027년)의 정책과제

1. 플랫폼 기반 청소년활동 활성화

(1) 청소년 디지털역량 활동 강화

① 디지털 기반 활동 기회 확대
- 청소년 디지털 역량 향상을 위해 디지털 청소년활동 모형을 개발하고, 관련 활동 콘텐츠 개발 제공
- 청소년 수련시설 등 통해 코딩, 드론체험, VR·AR 등 디지털 관련 청소년 활동 프로그램 확대 운영
- 한국코드페어 개최를 통해 청소년들의 소프트웨어 역량 강화 및 경험 기회 제공

② 맞춤형 디지털 교육 활성화
- 공교육을 통한 디지털 교육 기반 마련 위해 단위학교 디지털 교육역량 강화 지원
- 학생 발달단계에 따른 디지털 역량을 제고할 수 있도록 탐구·체험 중심의 코딩교육 제공 및 고교 선택과목 다양화
- 초·중등 SW·AI 분야 핵심 인재를 조기 발굴·육성할 수 있는 SW 영재학급 확대 운영

③ 디지털 교육 사각지대 해소
- 정보소외지역 초·중등생 소프트웨어(SW) 교육을 제공할 수 있도록 'SW미래채움센터'('22년 11개소) 확대 운영
- 디지털 교육소외지역을 중심으로 초등학교에 정보교육 보조강사(디지털 튜터)를 배치·운영

④ 디지털 미디어 문해력(Literacy) 함양
- 청소년과 부모 등을 대상으로 한 디지털·미디어 교육 제공
- 학교 및 청소년 대상 디지털·미디어 교수·학습 지원을 위한 디지털 미디어 문해교육 프로그램 개발 및 플랫폼(미리네, 미디온) 운영
- 아름다운 인터넷 세상 주간 캠페인, 스마트 쉼 문화운동 등 건전한 인터넷·미디어 이용문화 확산 캠페인 전개

⑤ 디지털 윤리규범 확산·실천
- 청소년을 위한 메타버스 윤리원칙 실천 교육 및 홍보 강화
- 메타버스 개발자·운영자·이용(창작)자 등 영역별 이해하기 쉽고 활용하기 편리한 실천 윤리지침서 개발(부처 합동)
- 청소년에게 디지털 저작권 인식 교육 강화

⑥ 청소년활동 데이터 관리·활용 지원
- 청소년활동 관련 데이터 집적·분석·활용을 위해 청소년활동 데이터 디지털 전환 및 표준화 추진
- 청소년관련 시설·기관·단체 및 지자체 등이 보유한 청소년 관련 종합 정보의 집적·활용을 위한 유관기관 협력체계 구축

⑦ 청소년활동 디지털 플랫폼 구축
- 청소년 개인의 역량·특성에 따른 다양한 활동 프로그램 검색·제시 및 피드백 등이 가능한 디지털 플랫폼 구축

⑧ 디지털 청소년활동 공간 구축
- 국립 청소년 수련시설에 메타버스를 활용한 디지털 활동공간 구축

(2) 청소년 미래역량 제고

① 청소년활동 역량지표 개선 및 커리큘럼 개발
- 교육과정 개정 등 반영하여 청소년활동 전반에 활용되는 활동 역량지표를 개편(디지털 분야 추가 등)하고, 지표를 보급하여 프로그램 개발 시 활용
- 청소년 성장단계별로 청소년 활동 프로그램의 주제 설정 등 청소년 활동 커리큘럼 개발을 위한 연구 추진

② 신기술·신산업 및 환경 분야 청소년활동 지원
- 청소년의 과학 관심·흥미도 향상을 위해 일상에서의 체험과 탐구활동을 촉진하고, 첨단연구·산업 현장 방문 기회 확대
- 해양·극지 관련 청소년 교육을 위해 청소년 북극연구체험단 운영 및 찾아가는 해양교육, 극지연구기관 견학 프로그램 등 지원
- 기후위기 등 환경문제 관련 청소년 교육 및 일상 속 실천활동을 지원하고, 청소년지도사의 환경 문제 관련 전문성 제고 지원

③ 금융·경제 분야 청소년 교육 실시
- 청소년 특성을 고려한 금융·경제 교육 프로그램 지원
- 학교에서 관련 교과 및 창의적 체험활동 시간 등을 이용하여 학생 발달 단계에 맞는 경제교육을 실시할 수 있도록 후속 지원
- 쉼터 청소년, 학교 밖 청소년 등 대상 경제·금융 교육 지원

④ 전문 분야별 진로탐색 활동 지원
- 과학기술인재 진로지원센터를 통한 과학기술분야 청소년 진로지원 강화
- 현장 답사 및 강좌 등 체험 중심의 전 주기 해양체험·진로학습 프로그램 운영 및 보급
- 농촌지역 인재양성 및 청소년 진로지원 위한 특화프로그램 개발·운영

⑤ 진로체험기관 간 협업 통한 체험기회 확대
- 청소년수련시설에서 운영 중인 다양한 진로탐색 프로그램을 학교 및 진로체험지원센터와 연계 운영
- 교육기부 진로체험기관 인증제 등 통해 다양한 청소년 진로체험 제공기관 확대를 유도하고 양질의 진로체험 기회 제공
- 지역별 특화 사업을 중심으로 경제단체, 기업 등과 협업하여 현장진로체험 프로그램 지원 추진

⑥ 청소년 진로 정보제공 및 교육 강화
- 청소년 개인 적성·특성을 고려한 맞춤형 진로상담 운영 및 진로체험정보제공 시스템('꿈길')을 통해 진로체험 관련 정보 상시 제공
- 학교 내 진로관련 과목 및 교과연계 진로교육 등 통해 청소년이 스스로 진로를 탐색·계획할 수 있도록 교육 강화

(3) 다양한 체험활동 확대 및 안전한 청소년활동 기반 마련

① 청소년 국제교류 활성화
- 세계 청소년과의 문화교류 등 글로벌 역량을 함양할 수 있도록 2023 새만금 '제25회 세계스카우트 잼버리' 개최
- 기후변화 등 관련 청소년 국제 논의 및 활동 지원을 위한 '글로벌 청년 기후환경 챌린지', '한·중·일 환경장관회의(TEMM) 청년포럼' 등 개최
- '한-아세안 청소년 서밋'을 '국제 청소년 서밋'으로 확대

② 문화예술 분야 활동·교육 지원
- 청소년 대상 문화예술 교육 프로그램 개발 및 운영
- 1학생 1예술활동 사업을 통해 학교 내 문화·예술교육을 확대하고, 학교예술강사 활동 환경 개선 등 추진
- 문화예술교육 사각지대 해소를 위해 문화소외지역 소규모 학교 대상 문화예술 교육 지원사업 운영

③ 생활체육 및 스포츠 체험 기회 확대
- 청소년 수련시설 내 체육관 등 활용하여 시설 이용 청소년들의 스포츠 및 생활체육 활동 지원
- 청소년 생활체육 보급을 위해 교내·외 스포츠 활동 프로그램을 확대하고, 학교-지정스포츠클럽 간 연계 강화
- 청소년 체육활동 활성화를 위해 교원(체육교과, 일반교과, 스포츠 강사 등) 지도역량 강화 지원

④ 프로젝트 기반 학습 활동 강화
- 학교와 청소년활동 시설에서 상호 활용할 수 있는 교과과정과 연계가능한 PBL 방식 청소년활동 모델 개발·보급
- 지역사회 특성을 반영한 지역형 PBL 활동 모델을 확대 운영하고, 지역 우수 활동사례 확산 및 홍보

⑤ 청소년자기도전포상제 운영 활성화
- 청소년 수요를 반영한 청소년자기도전포상제 활동영역 확대 등 개편
- 청소년자기도전포상제 운영 수련기관과 학교와의 연계 확대

⑥ 청소년 자원봉사활동 내실화
- 청소년 자원봉사 프로젝트 기획캠프와 지역사회 기반 실천 활동프로젝트를 연계한 '청소년 자원봉사 프로젝트' 도입 및 운영
- 청소년 자원봉사활동 기록관리의 효율성 제고를 위해 봉사활동 운영기관별 상이한 분류체계 및 유형 등 재분류
- 청소년지도사의 자원봉사·사회기여 관련 역량 제고를 위한 네트워킹 지원 및 우수사례 확산

⑦ 청소년수련시설 정보관리 체계화
- 전국 수련시설 안전 운영정보 체계적 관리를 위해 청소년수련시설 안전관리종합시스템(Youth-center Safety Management System, YSMS) 운영
- 안전관리종합시스템을 통해 청소년수련시설 이용자에게 지역별 청소년수련활동 안전정보 제공

⑧ 청소년수련시설 종합평가 내실화
- 청소년수련시설에 대한 안전·위생점검 및 종합평가를 지속 실시하고, 내실있는 평가를 위해 종합평가 항목 및 지표 개선 추진
- 청소년수련시설 종합평가 결과에 따른 현장 전문가 중심 컨설팅 지원

⑨ 청소년활동 안전인식 확산
- 안전 관련 청소년 활동 프로그램을 개발·운영하고, 안전문화 캠페인 실시
- 청소년 안전의식 수준·현황 파악을 위한 '청소년 안전인식 조사' 방안을 마련하고, 청소년시설 이용자, 학생 등 대상으로 조사 실시
- 청소년 수련시설에 심폐소생술 등 포함 응급처치 교육자료를 배포하고 시설 이용 청소년 및 종사자 등 대상으로 응급처치 안전교육 실시

(4) 학교안팎 청소년활동 지원 강화

① 청소년활동 프로그램과 학교 협력 강화
- 국립청소년수련시설을 통한 주제 중심 학교교육 프로그램 연계 강화
- 청소년활동 우수 프로그램 정보를 학교교육계획 수립·운영 등 학교에서 활용할 수 있도록 주기적으로 안내 및 정보 제공
- 청소년활동 프로그램 공모사업 등 활용하여 공공·민간 청소년 활동 시설의 학교연계 프로그램 운영 활성화 지원

② 학교시설 활용 청소년활동 확대
- 학교복합시설 사업을 활용하여 학교시설·유휴부지 등 이용한 청소년 활동공간 마련 및 청소년활동 프로그램 운영 추진
- 학교와 연계한 돌봄·교육 복합형 '청소년 방과후 아카데미' 설치 및 운영 확대 추진

③ 지역 내 소규모 청소년활동 공간 설치·운영
- 지역 유휴시설 등 활용한 소규모 청소년활동 공간(시설) 설치·운영
- 지역사회 중심으로 설치·운영되고 있는 소규모 청소년 활동공간(시설)에 대한 관리 방안 마련

④ 지역 내 청소년 방과 후 활동 및 돌봄 활성화
- 지역별 특성과 청소년 수요를 반영한 활동 중심의 방과후 활동 프로그램을 개발·운영하고 진로체험형 방과후 아카데미 확대
- 안정적이고 전문적 돌봄 제공을 위해 청소년 방과 후 아카데미 종사자 처우개선 추진
- 늘봄학교의 단계적 확대를 통해 정규수업 전후 희망하는 초등학생에게 맞춤형 교육·돌봄 서비스 제공

⑤ 지역사회 청소년활동 협력·지원체계 내실화
- 청소년수련시설과 시·군·구-교육(지원)청 간 협력체계를 구축하고, 자유학기제 등 관련 프로그램 기획·개발 등 추진
- 청소년활동진흥센터와 지역 수련시설 간 정례 협의체 운영으로 청소년 활동 정책 전달체계 강화 및 지역사회 자원 연계 활성화

2. 데이터 활용 청소년 지원망 구축

(1) 위기청소년 복지지원체계 강화

① 위기청소년 조기 발굴 및 상담 지원 확대
- 위기청소년 조기 발굴을 위해 '찾아가는 온라인 상담서비스(사이버아웃리치)'와 '찾아가는 거리상담(아웃리치)'을 강화하고, 청소년유해환경감시단 등 통한 발굴 확대
- 청소년 동반자를 통해 위기청소년 대상 찾아가는 맞춤형 사례관리 및 위기수준별 상담서비스 제공
- 청소년상담 관련 교육 제공으로 상담복지센터 내 1388청소년지원단의 위기청소년 지원 역량강화

② 고위기 청소년 조기 발굴·특화서비스 제공
- 고위기 청소년 조기 발굴을 위해 시설 이용 청소년 및 학교 학생 등 대상 위기 진단을 실시하고 신속한 연계 강화
- 고위기 특화 전문 지원을 위해 전국 청소년상담복지센터 내 고위기 집중 심리클리닉 운영 및 시·도 센터 내 임상심리사 신규배치
- 유관 전문기관 연계 등을 통해 청소년 심리외상 지원 추진

③ 정서행동문제 청소년 치유인프라 확대 및 지원
- 정서행동문제 청소년 치유 접근성 제고를 위한 기숙형 치유시설(디딤센터)의 권역별 확대
- 약물(알콜 및 마약성의약품류 등) 중독 문제 치유를 위한 디딤센터 특화치유 프로그램 운영
- 디딤센터(치료·재활)와 학교·교육청 간 협업을 통해 디딤센터 이용 후 학교 복귀 청소년에 대한 사후관리 강화

④ 지역사회 청소년안전망 활성화
- 지역 청소년안전망을 통해 지역 내 위기청소년 사례관리 지원
- 지역 내 위기청소년(청소년상담복지센터), 학교 밖 청소년(학교밖청소년 지원센터), 가정 밖 청소년(청소년 쉼터), 인터넷·스마트폰 과의존 청소년(드림마을) 등 위기유형별 지원기관 간 연계 강화

⑤ 지자체 청소년안전망팀 확대 운영
- 지역 중심의 사각지대 없는 지원을 위해 지자체 '청소년안전망팀'을 단계적으로 확대('23년 기준 22개)
- 지자체 청소년안전망팀 내 전담공무원 및 청소년통합사례관리사 배치 확대를 통해 위기 청소년 맞춤형 프로그램 연계 강화
- 위기 수준별 맞춤형 지원을 강화할 수 있도록 '청소년상담복지센터' 직원 고용 안정화·처우 개선 추진

⑥ 전문기관 – 학교 간 청소년 위기 공동대응 협력
- 청소년 위기상황 발생 시 지역 내 전문기관(상담복지센터, 정신건강복지센터 등) - 학교 - 교육청 간 협업체계 구축을 통해 공동대응
- 지역사회 청소년안전망 운영 및 위기청소년 대응 협의체인 '청소년복지 심의위원회' 등에 교육청 적극 참여 및 학교 안 위기청소년 발굴·연계 강화

⑦ 위기청소년통합지원정보시스템 구축·운영
- 위기청소년 발굴부터 자립까지 전 지원과정에 대한 데이터를 통합적으로 관리하기 위한 정보시스템 구축
- 시스템 내 위기청소년 관련 서비스·정보 안내, 유관 서비스 신청 및 예약 기능 등 편의기능을 탑재하여 대국민 서비스 제공
- 통합지원시스템 데이터를 활용한 위기청소년 서비스 지원 사후관리 추진

⑧ 청소년상담1388 시스템 고도화
- 비대면 상담채널(전화, 모바일, 사이버) 시스템 통합을 통해 위기 청소년 사례관리 및 상담 접근성 제고 등 청소년상담1388 기능 강화
- 24시간 전문상담인력을 충원하여 상담 대기시간 단축 등 이용자 편의 제고 및 빅데이터 기반 상담 제공으로 전문성 강화

(2) **청소년 자립 지원 강화**

① 학교 밖 청소년 발굴·연계 협력 강화
- 사전 정보제공 동의 없이 정보 연계가 가능한 대상을 초·중학생에서 고등학생까지 확대하도록 제도 개선
- 중학교 졸업 후 고교 미진학 청소년에 대한 정보연계 방안 검토
- 학교를 그만 둔 학생 정보가 학교에서 학교밖청소년지원센터로 즉시 연계될 수 있도록 교원연수 활성화 및 정보연계 모니터링 강화

② 학교 밖 청소년 학업·진로지원 확대
- 학교 밖 청소년 학습지원 위한 온라인 학습 콘텐츠 및 사회성 훈련 프로그램 개발·운영, 온라인 교육플랫폼 구축으로 학습 전 과정 지원 추진
- 한국장학재단 학자금 지원 대상에 학교 밖 청소년이 포함될 수 있도록 제도개선 추진
- 공적 교육체계에서 벗어난 학교 밖 청소년이 대학진학 과정에서 차별받지 않도록 청소년생활기록부를 인정·반영하는 대학 단계적 확대

③ 학교 밖 청소년 활동 지원 강화
- 학교 밖 청소년이 학교밖청소년지원센터 이용 등 통해 필요한 지원을 적시에 받을 수 있도록 교통비 등 활동비 지원 검토
- 학교 밖 청소년이 차별받지 않도록 공공부문 각종 공모전, 프로그램 등의 개별적 특성을 고려하여 참가 자격을 '학생 및 동일연령 청소년'으로 개선하고 사회 전반으로 확산
- 학교 밖 청소년대상 문화예술 지원 프로그램 확대

④ 학교밖청소년지원센터 인프라 확대
- 학교 밖 청소년이 학습, 역량강화, 진로체험 등 다양한 활동 위해 이용할 수 있는 전용 공간 확충
- 메타버스 등 활용하여 학교밖청소년지원센터 플랫폼 고도화
- 학교 밖 청소년 전문지원을 내실화하기 위해 학교밖청소년지원센터 종사자 단계적 확충

⑤ 가정 밖 청소년 학업·취업 등 진로지원 강화
- 학업 지원 위해 대학 장학금 및 행복기숙사 우선 지원
- 복지시설 이용 청소년 대상 구직의욕 고취 및 자신감 강화를 위해 '도전 프로그램' 및 '청년도전준비금' 등 지원
- 복지시설 이용 청소년 대상 진로 및 취업지원 등 상담 지원

⑥ 가정 밖 청소년 경제 및 주거지원 확대
- 청소년복지시설 퇴소 후 실질적인 경제적 기반 마련이 가능토록 자립지원수당 확대 및 지자체 자립정착금 확대
- 복지시설 이용 청소년 대상 타 사업 연계 등을 통한 자산 형성 및 관리 지원
- 자립이 필요한 가정 밖 청소년 공공 임대주택 지속 지원

⑦ 가정 밖 청소년 자립지원 기반 강화
- 청소년복지시설 이용 청소년 자립지원이 유사 정책대상(자립준비청년 등)에 준해서 지원될 수 있도록 「청소년복지지원법」개정
- 쉼터 퇴소 후 자립이 필요한 청소년이 사회로 원활히 복귀할 수 있도록 자립지원관을 전국 시·도로 확대 추진

⑧ 가정 밖 청소년 쉼터 이용 지원 내실화
- 자립지원 앱('자립해냄') 기능개선 및 서비스 다양화 등 통해 가정 밖 청소년들에게 정책적 서비스 관련 정보제공
- 가정 밖 청소년의 안전한 보호 및 생활 지원을 위한 쉼터 확충 및 맞춤형 상담, 교육, 문화활동 등 지원
- 쉼터 종사자 역량 제고를 통한 가정 밖 청소년 자립준비 지원 내실화

⑨ 후기 청소년(19~24세) 진로·직업교육 실시
- 비진학·미취업 후기청소년 대상 진로의식 고취, 진로설계 코칭 및 관련 직업교육 연계 지원
- 청소년문화의집 등 지역 내 청소년활동 공간을 활용하여 후기청소년 진로프로그램 지원

⑩ 후기 청소년의 창업시장 진입 지원
- 청소년들의 창업에 대한 관심 제고 및 기업가 정신 육성을 위한 지원 프로그램(비즈쿨 페스티벌 등) 지속 운영
- 청년창업사관학교 등 통해 후기 청소년(청년) 대상 창업지원 적극 추진

⑪ 후기 청소년 취업 지원
- 청년일경험 사업 등 통해 후기 청소년의 다양한 분야 일자리 경험 지원 및 청년내일채움공제로 취업을 통한 경제적 기반 지원
- 취업에 어려움을 겪고 있는 후기 청소년(청년)의 취업 촉진을 위해 청년일자리도약장려금 지원 지속
- 청년 워크넷 등 통해 일자리, 직업진로, 고용정책 등 정보제공

⑫ 후기 청소년 건강 및 주거 지원
- 후기 청소년(청년) 대상 청년마음건강바우처 연계 강화 및 청소년상담복지센터 등 통한 마음건강 상담 지원 강화
- 군상담관 제도 등 활용하여 군 복무 후기 청소년의 정서·심리적 상담 및 적응 지원
- 건설형 공공임대 및 청년유형 전세임대 등을 통해 주거지원 강화

(3) 청소년 유형별 맞춤형 지원

① 다문화가족 청소년 학습 및 사회적응 지원
- 다문화 청소년의 학교 조기 적응을 위해 '징검다리과정' 운영 내실화 및 취학전후 기초학습 지원 확대
- 다문화 청소년의 한국어 능력 제고를 위해 대상자 특성별 한국어 교육을 제공하고, 찾아가는 교육 실시 및 원격학습 콘텐츠·자료 제작·배포
- 다문화 청소년이 이중언어 등 강점을 특화할 수 있도록 교육과정 개발 및 다문화가족 인재 DB 연계·활용 지속 강화

② 이주배경 청소년 종합 통계 구축 및 지원
- 이주배경 청소년정책 추진 기반 강화를 위해 이주배경 청소년 종합 통계 구축
- 레인보우스쿨 등을 통해 한국어 능력 부족 등으로 어려움을 겪는 이주배경 청소년 대상 지원

③ 청소년(한)부모 사례관리 및 학업 지원
- 청소년(한)부모의 자립지원 강화를 위해 취약가족 통합사례관리(학습 정서, 생활, 지역사회 자원 연계 등) 전국 가족센터로 확대
- 학생 미혼모가 임신·출산 등으로 학업을 중단하지 않고 지속할 수 있도록 학생 미혼모 위탁교육기관 연계 운영을 통한 학습 지원
- 청소년(한)부모가 학업 중단 이후에 다시 학업서비스(검정고시 지원 등)를 원하는 경우 학교밖청소년지원센터로 연계하여 학업 지원

④ 청소년(한)부모 양육비 지원 강화
- '청소년부모 아동양육비 지원' 시범사업 기간 확대
- 청소년한부모 아동양육비 지원 지속 추진

⑤ 가족돌봄청(소)년 실태파악 및 지원체계 마련
- 정책수립 기초자료 확보를 위해 가족돌봄청(소)년 실태조사 실시
- 실태조사 결과 등 토대로 가족돌봄청(소)년 발굴·지원체계 마련

⑥ 가족 위기 청소년 지원 강화
- 수용자 자녀 현황조사를 정례화하고 수용자 자녀 지원 모니터링
- 지방교정청 수용자 자녀 지원팀 운영 활성화
- 수용자 자녀 지원을 위해 청소년상담복지센터, 청소년안전망 등 유관체계와의 연계를 통해 상담 등 제공

⑦ 은둔형 청소년 발굴 및 지원
- 은둔형 청소년 규모 등 실태파악을 위한 지자체 실태조사 사례 확산
- 고립·은둔 정의 개발, 지원모형 개발 등 고립·은둔형 청(소)년 발굴·지원체계 마련
- 은둔형 청소년을 청소년복지 지원법 상 위기청소년 특별지원대상으로 포함토록 청소년복지 지원 법령 개정

⑧ 채무상속 위기청소년 법률지원 제공
- 채무상속 위기에 놓인 청소년 지원을 위한 법제도 정비
- 대한법률구조공단, 법학전문대학원 내 '리걸 클리닉(Legal Clinic)' 연계 등 통해 법률 상담 등 지원

⑨ 장애청소년 부모 지원 및 경계선지능 청소년 지원방안 마련
- 발달장애 청소년 가정 부모상담 서비스를 확대하고, 중증장애아동 돌봄서비스 강화를 통해 가족 지원 강화
- 경계선지능 학생 조기확인을 위해 학교에서 활용할 수 있는 체크리스트를 개발·보급하고, 대상별 특성을 고려한 맞춤형 지원 추진
- 범부처 연계 경계선지능(느린학습자) 지원을 위한 정책연구('24.~) 및 지원방안 마련

3. 청소년 유해환경 차단 및 보호 확대

(1) 청소년이 안전한 온·오프라인 환경 조성

① 디지털 유해환경으로부터 청소년 보호 강화
- 청소년의 디지털 유해환경 접촉 관련 주기적 실태조사 및 제도개선
- 디지털 환경의 청소년 유해성 모니터링 및 불법·유해정보 삭제·차단 등 대응 지속
- 디지털 플랫폼(인터넷개인방송, SNS, 커뮤니티, 검색포털 등)의 청소년보호조치 이행점검 및 청소년 보호 협력 강화

② 청소년의 미디어 과의존 예방 및 치유지원
- 디지털매체 과의존 방지 및 위기 조기발굴 등 예방 강화를 위해 인터넷·스마트폰 이용습관 진단조사 개선
- 발굴된 위험군 청소년 등 대상 드림마을 연계, 치유프로그램 제공을 통한 치유지원 확대
- 진단·발굴-치유지원-사후관리로 이어지는 통합지원 강화를 위해 드림마을 등 지역사회 내 관련 치유기관 간 협력 강화

③ 청소년 개인정보 보호 지원
- 아동·청소년의 개인정보 권리 실질화
- 개인정보 침해 시 신속하게 상담·권리구제를 받을 수 있도록 개인정보침해신고센터 내 아동·청소년용 전용 페이지 신설
- 학교 등 교육 현장에서의 개인정보 교육을 확대하고, 아동·청소년의 흥미를 유발할 수 있는 교육 콘텐츠 개발

④ 사이버폭력 예방교육 및 인식 확산
- 복잡·다양해진 사이버폭력 이해 및 대처 역량을 함양할 수 있도록 단위학교의 예방교육 프로그램 운영 지원
- 신종 사이버폭력 등 변화하는 폭력 유형에 대응할 수 있도록 교원용 표준연수자료 개정판 개발·보급
- 사이버폭력예방교육주간 운영 등 가정·학교·사회 등이 사이버폭력으로부터 청소년을 보호할 수 있도록 인식 및 경각심 제고

⑤ 학교폭력 방지 및 대응체계 활성화
- 또래상담 운영 활성화를 위해 지도교사 교육 내실화 및 맞춤형 코칭단을 확대하고, 대상을 학교 재학생 중심에서 학교 밖 청소년까지 확대
- 학교폭력 예방 현장 지원을 위해 학교폭력예방 어울림 프로그램 내실화 및 메타버스 활용 체험형 프로그램 운영
- 학교폭력예방 교육주간 등과 연계하여 학교, 지역사회 등 캠페인 전개

⑥ 사이버 및 학교폭력 피해자 회복 지원
- 사이버 폭력 피해자에 대한 종합 연계 지원 및 협력
- 고위기 학교·사이버 폭력 피해 학생에 대한 전문 상담·치유기관 연계를 통해 회복 지원
- 학교(사이버) 폭력 피해 학생의 학교·일상생활 적응 지원 및 지역내 관계 기관 협력을 통한 가족 지원 프로그램 등 제공

⑦ 청소년 도박문제 예방 및 치유 지원
- 불법 도박 사이트, 도박 홍보 콘텐츠 등 단속, 삭제·차단 등 조치 강화
- '도박문제예방치유원' 등을 통해 도박문제 청소년 맞춤형 온·오프라인 상담서비스 및 치유프로그램 지원
- 청소년 도박문제 관련 체계적 예방교육 추진 위한 중장기 로드맵 마련

⑧ 유해약물 유통 차단 및 오·남용 예방 강화
- 온·오프라인을 통한 청소년 대상 유해약물 판매 단속
- 청소년의 마약류 노출 차단 및 예방 교육·홍보 강화
- 청소년 음주·흡연 예방 교육 및 금연지원 서비스 운영

⑨ 청소년 유해업소 단속 강화
- 신·변종 유해업소로부터 청소년 보호를 위한 합동점검 및 룸카페 등 지능형 규제회피업소의 규제대상 명확화 등 제도개선 추진(부처 합동)
- 청소년 출입·고용금지 업소에 대한 민·관 합동 계도·점검·단속 지속 실시

⑩ 청소년 밀집지역 범죄예방 환경설계 적용
- 청소년 대상 범죄 및 안전사고 급증 지역 대상 범죄예방환경 디자인(CPTED) 설계 적용을 확대하고, 지자체 '안심골목길 조성사업'과 연계 검토
- 지역 내 재개발 지역과 폐가 등에 대한 진입차단시설 설치 및 개보수 등을 통해 비행 장소 등 이용 차단

⑪ 지역 내 청소년 친화 디자인 조성
- 지역 공공디자인 진흥계획 수립 시 청소년 친화 디자인 조성에 관한 사항을 포함하고 지역 내 청소년 친화 거리 조성 검토
- 지자체 공공디자인진흥위원회 관련 조례 개정 등 통해 청소년 또는 청소년 관련 전문가 참여 규정

⑫ 청소년이 안전한 보행환경 마련
- 청소년 등하교 거리 및 학교 주변 안전보행을 위해 보도 불법 주정차 연중 수시 집중 단속 실시
- 청소년이 쉽게 이용·접할 수 있는 개인형 이동장치(전동 킥보드 등) 인도 주행 단속 강화
- 청소년 밀집지역 대상 청소년 눈높이를 고려한 안내판 디자인 개선

(2) 청소년 범죄 예방 및 회복 지원

① 아동·청소년성착취물 실태 파악
- 아동·청소년성착취물 실태조사 실시·정례화

② 기업의 디지털성범죄 예방 조치 지원
- 인터넷 플랫폼(인터넷개인방송, SNS, 커뮤니티, 검색포털 등)의 디지털성범죄물 유통방지 및 기술적 관리적 조치 모니터링과 이행점검 강화
- 기업별 디지털성범죄물 유통방지 관련 투명성보고서 작성·공개

③ 아동·청소년 성범죄자 검거체계 강화
- 정부 - 산업 - NPOs 등 다주체 협업방식의 공조체계 강화

④ 성범죄 피해 청소년 회복 지원
- 성매매 피해아동·청소년 지원센터, 디지털성범죄 피해자 지원센터, 청소년매체환경보호센터 등 통해 성착취 피해 아동·청소년 지원·보호 확대
- 2차 가해 방지 등 성범죄 피해 청소년 지원 강화를 위한 유관기관 협업
- 위기 청소년 지원체계 종사자 대상 성범죄 피해자 지원 관련 교육을 제공하고, 피해 보호·지원센터 종사자 대상 소진방지 프로그램 운영

⑤ 대상별 맞춤형 성범죄 예방교육 확대
- 성범죄 예방 교육 콘텐츠·프로그램 개발 및 플랫폼 연계 등 통해 효과적 예방교육 지원

⑥ 청소년 법 위반 유발 방지 및 선도보호
- 청소년의 법위반 행위 유발 방지를 위한 관련 제도 안내 등 회복적 선도·보호 활성화 추진
- 신분증 위·변조 등 사업주의 법 위반을 유발한 청소년 선도 필요 시 경찰 연계 등 조치 이행

⑦ 소년범죄 통계관리 및 인프라 확충
- 체계적인 소년범죄 통계 관리를 위한 법적 근거 마련(소년법 개정)
- 소년분류심사원 시설 확충을 통해 비행예방교육·분류심사 기능 전문화 및 과밀 수용 해소

⑧ 청소년회복지원시설 확충 및 지원
- 청소년회복지원시설을 확충하여 보호자의 실질적 보호를 받지 못하는 소년법 1호 처분 청소년을 안전하게 보호하고, 상담·학업·자립 등 지원

(3) 청소년 근로보호 강화

① 근로형태 모니터링 및 관리 강화
- 플랫폼 노동자를 비롯하여 기존 청소년 근로보호체계에서 취약한 근로형태 실태 파악 및 모니터링 추진
- 현행 취직인허증 금지직종에 대한 지속적인 관리·감독 강화

② 직업계고 현장실습생 권리 보호
- 현장실습 참여 산업체 선정관리 및 컨설팅 지원
- 현장실습생 권리 보호를 위한 지원 인프라 강화
- 안전한 현장실습 운영을 위해 현장실습생 모니터링 및 학교·산업체 대상 정기적 지도·점검 실시

③ 예·체능 분야 청소년 보호
- 청소년 연예인의 신체적·정신적 건강, 학습권, 수면권, 휴식권 등 보장을 위한 가이드라인 제작·배포 및 기획업자 대상 윤리교육 강화
- 방송출연 아동·청소년 보호 표준 가이드라인 이행 제고 유도
- 학생 선수 보호 기반 마련을 위해 청소년 운동선수 관련 감독, 코치 등 관계자 교육 등 실시

④ 근로청소년 부당처우 구제 지원
- 청소년근로보호센터, 청소년근로권익센터 등 통한 청소년 부당처우 구제 및 중재 등 지원
- 청소년 근로보호 기능 강화 위해 청소년근로보호센터, 청소년근로권익센터 등 유관 기관 사업 간 연계·협력 강화
- 청소년 근로보호 가이드북(웹북) 제작·배포

⑤ 근로환경 모니터링 및 감독 내실화
- 청소년 아르바이트 주요 현장 정기 점검 및 계도 활동 내실화
- 취약계층 다수 고용 및 상습 법위반 등 법 준수 취약 사업장 감독 강화

⑥ 청소년 대상 근로보호 및 직업윤리 교육 지원
- 청소년근로보호센터 및 청소년근로권익센터 통해 청소년 대상 근로보호 교육 및 상담 등 지원
- 학교를 통한 근로보호 및 직업윤리 교육 제공

⑦ 청소년 고용사업자 근로보호 교육 실시
- 청소년 고용사업자 대상 근로 보호사항 안내 및 교육 강화

4. 청소년의 참여·권리 보장 강화

(1) 청소년 참여 활동 강화

① 청소년 자치활동 참여 확대
- 활동프로그램 등 개발 시 청소년 자치조직 제안 및 참여 보장
- 청소년수련시설 운영위원회에 청소년 참여 및 확대를 위한 관련 지침 개정 등 추진
- 학생회·학급회의 등 학교 내 학생 자치 참여기회 확대

② 지역사회 청소년 참여활동 확대
- 지역 내 청소년이 자신과 밀접한 환경에서 다양한 의사결정과정에 직접 참여하고 소통할 수 있도록 참여모델 확대 운영
- 지역 내 청소년 참여활동 간 교류 및 소통 지원
- 청소년의 정책 참여활성화를 위한 지자체 조례 제정 권고

③ 청소년정책 참여활동 지원
- 지자체가 운영하는 청소년의회 운영 실태 파악 및 활성화 지원
- 청소년이 법제 관련 업무를 체험할 수 있도록 어린이·청소년 법제관 운영
- 청소년참여예산제 정착·확산 위한 제도적 지원

④ 청소년 참여역량 강화
- 참여기구 청소년 역량 강화를 위해 실천적 참여 학습 프로그램 개발·운영
- 참여기구 활동 인재 DB를 구축하고 멘토링의 밤 개최 등 참여기구 청소년과 사회 진출 선배와의 네트워킹 지원
- 청소년지도사 연수과정 내 정책제안교육 등 참여 관련 교육 운영 확대, 참여 지도인력에 대한 컨설팅 등 통해 참여 전문인력 양성 지원

⑤ 청소년 간 소통 강화 및 공동체 역량 함양
- 청소년 참여포털을 통한 청소년 의견 상시수렴 통로 활성화
- 청소년 주도의 권역별 청소년 원탁회의, 청소년 축제, 포럼 등 개최 등 통해 청소년 참여 관련 소통 및 협력 확대
- 관계 맺기에 어려움을 겪는 청소년 등 대상으로 관계성 역량 함양을 위해 단체활동 프로그램 개발·운영

(2) 청소년 권익 증진

① 유엔아동권리협약 이행
- 유엔아동권리협약 이행을 위한 국가행동계획 수립·이행
- 협약 이행을 위한 제도 개선 및 관련 인식 확산을 위한 홍보 강화

② 청소년정책 추진체계 대표성 강화
- 청소년정책 관련 각종 위원회에 청소년(15세~24세) 위원 위촉 권고
- 국가 및 지자체 청소년정책 수립 등 관련 추진체계에 청소년 및 청소년전문가 등 참여 보장 위한 법·제도 개선

③ 청소년 건강검진 및 예방접종 지원
- 청소년 건강권 보장을 위해 건강검진 데이터 통합 관리 체계 구축
- 청소년 수련시설 등 통해 청소년 건강증진 활동 프로그램 개발·운영
- 학교 밖 청소년 건강검진 홍보 강화 및 검진항목 확대 추진

④ 건강한 생활습관 지원 및 급식 사각지대 완화
- 청소년 식습관 개선 위해 교육자료 및 교육 가이드라인 등 개발·보급
- 청소년 비만 예방을 위해 건강 생활습관 형성 교육 등 제공하는 '건강한 돌봄놀이터' 사업 지속
- 청소년 수련시설 집단급식소 식중독 예방 지도·점검 지속

⑤ 여성청소년 생리용품 지원 강화
- 기초생활수급자 등 여성청소년 건강권 보장을 위한 지원 확대 추진
- 전자바우처('19.~) 사용 관련 불편·개선 사항 등 모니터링하여 개선하고, 온라인 구매 확대 등 사용처 확대 추진

5. 청소년정책 총괄 조정 강화

(1) 청소년정책 인프라 개선

① 「청소년 기본법」 개정
- 청소년을 육성 등 수동적 존재에서 능동적·적극적 존재로 전환하고, 통합적 정책 추진 기반을 구축할 수 있도록 「청소년기본법」 개정

② 청소년정책 재정기반 효율화
- 현 청소년정책 관련 재원(일반회계 및 청소년육성기금) 운영 관련 현황 파악 및 개선사항을 분석하고 재원확충 및 운용방안 마련
- 청소년육성기금 수입구조 다변화를 위해 전입 가능한 신규 재원 발굴
- 지자체와 시·도 교육청과의 협업을 통해 지역사회 청소년 사업연계 및 예산 지원 방안 등 마련

③ 청소년정책 대국민 홍보 강화
- SNS, 인터넷 등 다매체를 통한 청소년정책 관련 홍보 캠페인 강화
- 청소년기에 진입하는 청소년 대상 청소년으로서의 정체성 확립 및 자기계발·성장을 지원하는 '(가칭)청소년키트' 제공 검토

④ 청소년지도자 역량 강화
- 청소년지도자 대상 디지털 전문교육 역량 제고 지원
- 현장중심 활동을 위해 지역별·거점별 청소년지도사·상담사 보수교육을 확대하고, 사례중심 워크숍 등 현장기반 보수교육 과정 확대
- 청소년지도자 직무역량 제고를 위해 국가인적자원개발컨소시엄 사업과 연계하여 전문교육과정 운영(무료교육)

⑤ 청소년지도자 직무현황 분석 및 처우개선
- 청소년수련시설, 상담복지센터 등에 종사하는 청소년지도사, 상담사에 대한 직무분석을 실시하고 정책자료 등으로 추후 활용
- 청소년지도사, 상담사의 배치실태, 직무현황 등 관련 데이터 집적·관리
- 청소년지도자 처우개선 및 복리후생 강화를 위한 정책방안 마련

⑥ 청소년수련시설 용어 개선 및 맞춤형 사업 추진
- 청소년수련시설에 대한 대국민 인지도 향상을 위하여 시설종류 간소화 및 친숙한 용어로 변경
- 국립과 민간 청소년수련시설 간 연계체계 구축 및 공동 협력사업발굴 등을 통하여 청소년 프로그램 다양화
- 청소년 수련시설의 지역별·유형별 특성에 기초한 맞춤형 사업 개발 · 추진

⑦ 청소년 지원기관 및 단체 운영 지원
- 지역별 학교 밖 청소년 수 등 특성 및 여건을 고려한 학교밖청소년 지원센터 효율적 운영 관리 방안 마련
- 청소년단체의 현황 및 운영 실태 파악을 기초로 규모 및 특성을 고려한 제도적 지원방안 마련

(2) 지역 맞춤형 청소년정책 추진체계 구축

① 청소년정책 전담공무원 확대 및 청소년육성위원회 운영 활성화
- 「청소년기본법」 제25조(청소년육성 전담공무원) 개정을 통해 청소년육성 전담공무원 배치를 의무화하고, 자격기준 설정 등 선발제도 마련 검토
- 지방청소년육성위원회의 실질적 운영체계 마련 및 효과적인 운영을 위한 운영 표준(안) 개발 및 보급
- 지자체 청소년정책 분석·평가와(연 1회) 연계하여 지방청소년육성위원회 우수사례 확산

② 지자체 청소년정책 분석·평가 개선
- 지자체 청소년정책·사업에 대한 평가를 환류를 통한 개선 중심 성과 관리 체계로 전환하기 위한 평가항목 개편 추진
- 지자체 청소년정책 분석·평가결과 대국민 공개 및 활용
- 지자체 청소년정책 분석·평가결과에 따른 포상 등 지원

③ 「지역사회 청소년 성장지원 네트워크」 전국 확대
- 시범사업으로 운영되었던 청소년성장지원협의체를 확대·개편하여 지역사회 분야별 청소년 관련 기관 및 서비스 간 연계·복합화 추진
- 지자체 특성·여건을 반영한 지역 맞춤 청소년 프로그램 운영, 청소년정책 수요조사, 자원 맵(Map) 제작 보급, 청소년활동 공간 조성 등 특화 사업 추진
- 청소년의 성장지원을 효율적으로 지원하기 위해 「청소년 성장지원 혁신지역」 시범 운영

④ 청소년정책 - 지자체 - 교육청 간 협력 강화
- 학교안팎 청소년정책 연계를 위한 여성가족부 - 시·도 - 교육청 간 중앙단위 협력 체계 구축
- 청소년정책-학교교육 간 연계·협력을 위한 교육청 조례 제정 권장
- 지역사회 학교안팎 연계 우수 지자체 사례 확산 및 포상 등 지원

⑤ 지역사회 청소년 사회공헌사업 연계
- 지역 청소년정책사업과 지역 내 기업체 또는 공공기관 사회공헌사업과 연계 가능한 청소년정책 사업 발굴 및 연계 협의
- 민간기업(기업체)이나 공공기관 대상 청소년 관련 공익적 사업·활동유도를 위한 청소년정책 및 사업 정보 제공 확대

⑥ 인구감소 지역 청소년 지원 위한 제도 개선
- 인구감소지역 관련 정책적 지원대상에 청소년을 포함하기 위한 「인구감소지역 지원 특별법」 개정 검토
- 인구감소 지역 청소년 지원을 위한 「청소년기본법」 개정 및 지자체 조례 제·개정 추진

⑦ 인구감소 지역 청소년 정책적 지원 확대
- 인구감소 지역 청소년 인구 유출을 최소화하기 위한 특화 사업 등 개발·추진
- 청소년의 지역생활권 내 이동권 보장 지원

02 제7차 청소년정책기본계획(2023~2027년)에 대하여 설명하라.

모범답변 「제7차 청소년정책기본계획」에서는 '디지털 시대를 선도하는 글로벌 K-청소년'을 비전으로, 「청소년 성장기회 제공」, 「안전한 보호 환경 조성」의 2대 목표를 설정하였습니다. 다양한 청소년 목소리와 급변하고 있는 정책 환경 변화에 적극 대응할 수 있는 과제 발굴 및 강화에 중점을 두었으며, 총 5개 분야 기준으로 5개 대과제, 14개 중과제, 39개 소과제 및 108개 세과제로 구성되었습니다.

03 제7차 청소년정책기본계획(2023~2027년)의 5대 과제에 대해 설명하라.

모범답변 「제7차 청소년정책기본계획」의 5대 과제는 플랫폼 기반 청소년활동 활성화, 데이터 활용 청소년 지원망 구축, 청소년 유해환경 차단 및 보호 확대, 청소년의 참여·권리 보장 강화, 청소년정책 총괄 조정 강화로 구성되어 있습니다.

04 제5차 학교폭력 예방 및 대책 기본계획(2025~2029)에 대하여 설명하라.

모범답변 제5차 학교폭력 예방 및 대책 기본계획은 '교육공동체가 함께 만드는 안전한 학교'라는 새로운 비전 하에 5대 정책영역 15개 과제로 구성되어, 보다 통합적이고 예방 중심적인 접근을 강조하고 있습니다. 특히 디지털 환경에서의 사이버폭력 대응 강화, 교육공동체 전체의 역량 강화, 그리고 관계회복 중심의 교육적 접근 확대가 핵심적인 변화라고 볼 수 있습니다.

| 제5차 학교폭력 예방 및 대책 기본계획('25~'29)의 기본방향 |

비전	교육공동체가 함께 만드는 안전한 학교
추진방향	• 교육공동체의 역량을 증진하여 신뢰의 학교문화 구출 • 공정하고 교육적인 학교폭력 대응체계 구축 • 학교폭력 피·가해학생 맞춤형 통합지원

정책영역	추진과제
교육 3주체의 학교폭력 예방역량 강화	1. '어울림⁺(어울림 더하기)'로 학교폭력 예방교육 연계·통합 2. 교원의 학생생활지도 지원 확대로 학교폭력 사전 예방 3. 학부모 연수·소통 확대를 통한 가정의 교육적 역할 강화 4. 교육공동체가 참여하는 학교문화 책임규약 확산
학생이 안전한 디지털 환경 조성	5. 사이버폭력 예방을 위한 기업 참여 확대 6. 대국민 인식 개선을 위한 Digital SAFE 캠페인 추진 7. 사이버폭력 가해학생 조치 차별화 및 사이버폭력물 삭제 지원 8. 자율성과 책임감을 갖춘 디지털 시민 양성
학교의 교육적 기능 확대 및 사안처리 전문성 제고	9. 학교폭력 사안의 교육적 해결 지원 강화 10. 학교폭력 대응체계 개선·강화 11. 심의 객관성 확보 등 학교폭력대책심의위원회 운영 개선
위기 및 피·가해학생 맞춤형 통합지원 강화	12. 학생맞춤통합지원 체계로 위기학생 조기발견-지원 및 피해학생 보호 강화 13. 가해학생 조치 실효성 제고 및 재발방지 지원

지역맞춤형 학교 폭력 예방 및 대응 기반 구축	
14. 데이터 기반 지역맞춤형 학교폭력 예방 및 대책 수립	15. 안전한 학교 환경 관리 및 사회적 공감대 형성

05 제5차 학교폭력 예방 및 대책 기본계획('25~'29)이 제4차 기본계획과 달라진 점은 무엇인가?

모범답변 제4차 기본계획과 비교하여 제5차 학교폭력 예방 및 대책 기본계획의 가장 주목할 만한 변화는 교육3주체의 예방역량 강화, 안전한 디지털 환경 조성, 학생맞춤형 통합지원 강화 등으로 볼 수 있습니다. 특히 '어울림+' 프로그램과 어울림학기제 도입, 디지털 세이프 캠페인, 관계회복 숙려기간 등은 기존 접근법에서 크게 벗어난 새로운 시도들입니다.

참고

어울림⁺(더하기) 프로그램
- 기존 학생 대상 어울림(예방교육 프로그램)을 교육3주체(학생, 교원, 학부모) 대상으로 확대 개발
- 학교폭력 대응 방안 외 사회정서역량(학생), 생활지도 전문성(교원), 자녀 이해와 소통(학부모) 등 학교폭력 예방역량을 강화
- 영상자료, 게임, 메타버스 등 대상별 접근성과 활용성을 고려한 디지털 콘텐츠 개발 및 '도란도란'(예방교육 통합사이트) 탑재

어울림학기제
학교급별 전환학년인 초4, 중1, 고1 대상으로 한 학기 동안 '어울림⁺' 우선 도입 및 사회정서교육 집중 운영

Digital SAFE(Strategic Actions Fostering E-Safety) 캠페인
- 아동·청소년에게 좋은 영향력을 끼치는 인물을 'Digital SAFE 홍보대사'로 위촉하고, 캠페인 추진 및 유튜브 등 송출
- 대중교통, 편의점, EBS, SNS 등에 사이버폭력 예방 영상을 지속적으로 송출하고, 학교·교육청 행사 등과 연계한 홍보 다각화
- 네이버, 다음 등 플랫폼 기업과 협력하여 '학교폭력' 검색 시 신고·상담 및 학교폭력 예방 관련 내용이 화면 상단에 노출되도록 개선 추진

관계회복 숙려기간
경미한 사안이 많은 초등학교 저학년(1~2학년) 간 학교폭력 사안 발생 시 심의 이전에 관계회복 프로그램 실시로 교육적 회복 노력을 우선하고, 종료 시까지 전담기구 심의 유예

06. 제5차 청소년보호종합대책('25~'27)에 대하여 설명하라.

모범답변 제5차 청소년보호종합대책은 디지털 시대의 새로운 유해환경에 대응하고, 청소년이 건강하고 안전한 환경에서 성장할 수 있도록 지원하는 종합적인 보호 정책입니다. 주요 내용으로는 AI 확산에 따른 개인정보 보호 및 유해 콘텐츠 차단, 무인매장·온라인 담배·술 판매 규제 강화, 딥페이크 성범죄 대응 및 청소년 정신건강 지원 등이 포함됩니다. 또한 최저임금 준수 점검을 통해 청소년 근로권 보호를 강화하고, 지역사회 협력을 기반으로 청소년 보호 정책을 체계적으로 운영할 계획입니다. 이러한 대책을 통해 청소년의 안전을 확보하고 건강한 성장 기반을 마련하는 것이 목표입니다.

|제5차 청소년보호종합대책('25~'27) 요약|

디지털 시대, 새로운 유해환경에 대응한 청소년 보호
제5차 청소년보호종합대책(2025~2027)

❶ 디지털 매체의 건강한 이용환경 조성
- 생성형 인공지능(AI) 서비스 이용자 보호
  - 생성형 AI 이용자보호 가이드라인 제작·확산
- 숏폼, 사회관계망서비스(SNS) 등 미디어 과의존 예방
  - 이용자 연령 확인, 사업자 책무 강화 등 미디어 플랫폼 관리 방안 마련
- 미디어 교육 등 청소년 디지털 대응 역량 강화

❷ 청소년 생활 주변 불법·유해환경 차단
- 무인업소 등을 통한 유해물건 유통 차단
  - 무인 판매업소에서 유해물건 판매 시 청소년 대상 유통 차단 강화 방안 검토
- 청소년 도박 피해 예방
  - 청소년 금융계좌의 온라인 도박 예방조치 마련 검토
  - 청소년 대상 도박 공급 사범에 대한 처벌 강화
- 마약류 등 유해약물 관리 강화
  - 청소년에 대한 의료용 마약류 처방 제한 기준 마련

❸ 위기청소년 지원 및 폭력 피해 대응 강화
- 청소년 안전망 연계를 통한 위기 청소년 사례관리 연계 및 지원 강화
- 딥페이크 성범죄물 신속 삭제 및 처벌 강화
  - 피해자 요청 시 영상물 등 우선 차단 후 심의 요청
  - 청소년 대상 디지털 성범죄 가해자 처벌 강화
- 가해(범죄) 청소년 재발 방지
  - 경찰 단계에서 선도 교육 프로그램 마련 및 지원

❹ 청소년이 안전하게 일할 수 있는 근로환경 마련
- 법·제도 정비 및 법 위반 사업장 감독 강화
  - 대중문화예술 기획업자의 청소년보호책임자 지정 및 운영
  - 임금체불 발생 사업장 대상 근로감독 강화
- 다양한 교육 콘텐츠 개발 등 청소년 맞춤형 근로권익 교육 확대
- 청소년 고용사업자 대상 근로권익 캠페인
  - 사업자, 시민단체와 함께 제도 안내 및 홍보

❺ 청소년 보호정책 추진 기반 강화
- 청소년보호위원회 기능 내실화
  - 청소년유해매체물 심의기관 간 협력을 통한 청소년 보호정책 조정 등
- 주요 업계의 청소년 보호제도 이행 유도
  - 담배, 주류판매업, 요식업 등과 업무협약

07 학교 밖 청소년지원사업을 위한 '청소년지원센터 '꿈드림,'

모범답변 [꿈드림]은 '꿈 = 드림(Dream)', '꿈을 드림('드리다'의 명사형)'이라는 중의적인 표현으로 학교 밖 청소년에게 새로운 꿈과 희망을 드리겠다는 의미를 지니고 있다. 학교 밖 청소년의 개인적 특성과 요구를 고려하여 학업복귀나 사회진입을 도와 건강한 사회구성원으로 성장할 수 있도록 지원한다.
2025년에 꿈드림 홈페이지가 청소년1388 홈페이지로 통합되었다.

실력다지기

서비스 대상
9세~24세 청소년 중 아래에 해당하는 자
- 초·중학교 입학 후 3개월 이상 결석하거나 취학의무를 유예한 청소년
- 고등학교에서 제적·퇴학 처분을 받거나 자퇴한 청소년
- 고등학교 미진학 청소년

주요 서비스
- 상담지원
- 교육지원(학업동기강화, 검정고시, 대학입시 등)
- 직업체험 및 취업지원(진로탐색, 직업역량강화 프로그램, 진로체험 등)
- 자립지원(자기계발, 건강검진, 급식지원, 생활지원 등)

08 청소년상담 1388

모범답변 '청소년상담1388'은 청소년은 물론, 학부모, 교사 등 일반국민 누구나 청소년을 위하여 이용하는 상담채널로서 청소년 상담, 긴급구조, 자원봉사 및 수련활동 정보제공, 인터넷 중독치료 등 청소년관련 모든 문제에 대해 365일 24시간 원스톱 서비스 제공을 목적으로 한다. 2024년 기준 청소년상담1388 상담건수는 69만 5천 건으로 집계되었다.

2024년 기준 17개 시·도 및 223개 시·군·구 청소년상담복지센터 등 전국 240개 센터에서 청소년전화 1388을 운영하고 있으며, 모바일은 문자와 카카오톡 및 페이스북, 사이버(www.cyber1388.kr)는 인터넷 채팅 및 게시판 상담 등을 통하여 청소년상담1388을 운영하고 있다.

| 연도별 청소년상담1388 호소 문제 유형별 이용 건수 |

(단위: 건, %)

연도	상담건수	정보제공	정신건강	대인관계	학업진로	학교중단	가족	가정밖	일탈비행	폭력피해	폭력가해, 비행
2020	936,037	171,297	190,330	128,302	84,611	-	97,619	-	31,758	-	-
2021	852,431	170,834	205,373	118,421	79,957	-	84,772	-	30,691	-	-
2022	836,035	160,904	204,731	128,638	82,758	-	76,270	-	36,284	-	-
2023	746,100	64,741	259,747	151,443	69,127	6,499	29,539	6,721	15,638	7,096	7,294
2024	695,186	-	309,770	117,295	60,480	11,833	-	11,372	-	14,254	11,109
구성비	100.0	-	44.6	25.5	8.7	1.7	-	1.6	-	2.1	1.6

연도	성격	근로	성	인터넷사용	과의존중독	생활습관	활동	법률정보	신체건강의식	결핍빈곤	이주배경	기타
2020	31,520	17,820	27,006	23,718	-	16,433	7,543	1,578	-	-	-	106,502
2021	31,722	2,718	19,519	21,390	-	12,316	6,661	1,335	-	-	-	66,722
2022	34,600	587	16,333	19,982	-	13,826	5,362	884	-	-	-	54,876
2023	14,081	2,106	12,106	5,227	24,948	6,042	2,517	331	6,833	1,939	291	51,834
2024	-	4,051	11,266	-	31,840	-	-	-	15,234	3,550	314	32,818
구성비	-	0.6	1.6	-	4.6	-	-	-	2.2	0.5	0.0	4.7

자료 : 여성가족부, 「청소년상담1388 상담실적」 9-24세 청소년 및 청소년 학부모 상담

09 청소년동반자 프로그램

모범답변 2005년 후반, 국가청소년위원회(현재, 청소년위원회)는 위기청소년의 입장을 이해하는 노력의 일환으로 현장중심 지역사회 자원개발 및 연계에 힘쓰고 유기적인 관계형성을 바탕으로 청소년들의 삶을 지원할 수 있는 청소년동반자(Youth Companion) 프로그램을 시범적으로 도입하고 있다. 청소년동반자들은 위기청소년에게 각종 상담, 심리·정서적 지지, 자활 지원, 학습·진로 지도, 문화체험 등을 제공하는 역할을 하고 있다.

2023년에는 1,398명의 청소년동반자가 전국 청소년상담복지센터에 배치되어 활동함에 따라 41,292명의 청소년이 지원받았다.

| 연도별 청소년동반자 사업 운영 현황 |

(단위: 명)

구분	2008년	2009년	2010년	2011년	2012년	2013년	2014년	2015년	2016년	2017년	2018년	2019년	2020년	2021년	2022년	2023년
청소년동반자 수	470	1,270	880	880	980	985	1,000	1,044	1,066	1,146	1,261	1,313	1,349	1,354	1,363	1,398
수혜청소년 수	14,510	24,515	25,675	26,324	31,226	31,190	33,471	34,775	35,710	38,456	41,392	43,246	36,974	42,023	42,110	41,292

자료: 여성가족부(2023).

10 청소년방과후아카데미

모범답변 청소년방과후아카데미는 여성가족부와 지방자치단체에서 공적 서비스를 담당하는 청소년 수련시설(청소년수련관, 청소년문화의집 등)을 기반으로 방과후 돌봄이 필요한 청소년(초등 4학년 ~ 중등 3학년)의 자립역량을 개발하고 건강한 성장을 지원하고자 체험·역량강화 활동, 학습지원, 생활지원 등 종합서비스를 제공하는 국가정책지원 사업이다.

2005년 9월부터 46개소를 시범운영하여, 2006년 전국적으로 확대하였으며, 2024년 기준 전국의 청소년수련관, 청소년문화의집 등의 공공시설에서 355개의 청소년방과후아카데미가 운영되고 있다.

| 지원내용 |

구분		세부내용
체험·역량강화 활동	디지털 체험활동	• 강습형태가 아닌 디지털분야 체험활동으로 운영 * 디지털분야:코딩, AI, App제작, VR·AR 체험, 드론, 로봇, 영상제작, 미디어, 컴퓨터 활용 등
	진로개발 역량 프로그램	• 강습형태가 아닌 전문적인 체험활동으로 운영 • 청소년 주도의 프로젝트(PBL, Program-Based Learning)방식의 프로그램 운영권장
	창의·융합 프로그램	
	일반 체험활동	• 강습형태가 아닌 체험활동 위주로 청소년들의 창의·인성 함양을 위한 다양한 체험활동 프로그램 운영(예술체험활동, 봉사활동, 리더십개발활동 등)
	지역사회 참여활동	• 방과후아카데미 자체기획으로 청소년들이 지역사회에서 봉사활동을 하거나, 지역에서 개최하는 각종 지역행사에 의미있는 역할을 담당하여 참여하는 활동으로 주말체험활동과 연계하여 편성
	주말체험활동 (반기별 2회 급식 포함 5시수이상)	• 주말체험활동과정 운영 시 외부활동 권장 * 외부는 단순히 운영시설의 건물 밖 공간을 의미하는것만이 아니라, 다양한 테마 활동이 가능한 외부현장(시설, 공간)을 의미함
	주중자기개발 활동과정	• 청소년들이 중심이 되어 진행하는 활동(자치활동, 동아리활동 등) • 각 운영기관에서 자유롭게 편성하여 운영하는 과정 • 실무자가 중심이 되어 운영하는 프로그램
	주말자기개발 활동과정 (필요시 1회당 2시수이상)	
	특별지원	• 청소년캠프(방학), 보호자 교육, 초청인사 특별강의, 발표회 등
학습지원	보충학습지원	• 청소년들의 자율적인 숙제, 보충학습지도, 독서지도 등의 프로그램 위주로 운영
	교과학습	• 전문 강사진의 교과학습 중심의 학습지원
생활지원		• 급식, 상담, 건강관리, 생활일정 관리(메일링서비스) 등의 생활지원

자료 : 여성가족부(2023).

| 운영체계 |

```
                    여성가족부
                        │                    KYWA 한국청소년활동진흥원
                        │                    청소년방과후아카데미 운영지원단
                    시·도/시·군·구
                        │
     방과후아카데미                                        지역사회자원
     지원협의회          청소년 방과후 아카데미              인적물적인프라
```

학습지원	전문체험	자기개발	생활지원	특별지원
• 주요교과목학습 • 보충학습 • 독서 및 자율학습	• 세계, 시민, 지역, 사회 • 문화예술, 스포츠	• 자치·동아리활동 • 지역사회연계	• 급식 및 상담 • 건강관리 • 귀가차량운행	• 보호자간담회 • 가족캠프 • 발표회 등

창의융합형 인재교육 운영: 복합적 문제해결력 및 협력/공유역량을 겸비한 미래인재 양성을 위한 프로그램을 시범운영하고 있습니다.

실력다지기

청소년 방과 후 아카데미의 기능
1) '방과 후 나홀로 청소년'을 위한 안전하고 안정적인 공간의 기능
2) 건전한 놀이·문화지도 및 체험을 실천하는 기능
3) 보호자·청소년·지역사회가 원활하게 소통할 수 있도록 돕는 기능
4) 학교교육만으로 부족한 인성 및 창의성 개발 지원 기능

방과 후 학교
방과 후 학교는 수요자를 중심으로 운영하는 정규교육과정 이외의 정규수업을 보완하는 다양한 교육 경험 제공의 활동으로 학교운영위원회의 심의를 거쳐 정규수업 외의 시간에 교과, 특기 및 적성, 보육 등으로 운영하는 과정이다.

11 대한민국 청소년 박람회

모범답변 대한민국 청소년 박람회는 청소년의 달(5월)에 개최하는 국내 최대 규모의 청소년축제의 장이다. 그리고 청소년의 참여와 체험, 소통을 위한 주제별 공간을 마련하여 청소년들에게 새로운 문화콘텐츠를 공유, 창출, 확산하는 기회를 제공한다.

2005년부터 개최된 박람회는 2008년부터 행사 장소를 서울에서 벗어나 지방자치단체와 공동으로 주최하는 전국단위의 행사로 진행하고 있으며, 24년엔 '청소년이 만드는 세상, 더 큰 대한민국'을 주제로 충남 천안에서, 25년에는 '대한민국 청소년, 역사를 품고 미래를 연다'를 주제로 경북 안동에서 개최되었다.

26년에는 전라남도 여수세계박람회장에서 개최될 예정이다.

12. 지역사회 청소년통합지원체계(청소년안전망)

모범답변 지역사회 청소년통합지원체계(청소년안전망)는 지역사회 청소년관련 기관 간의 네트워킹을 통한 통합지원체계 구축과 위기청소년에 대한 전화상담, 구조, 보호, 치료, 자립, 학습 등 서비스 제공을 통해 위기 청소년의 건강한 성장과 삶의 역량을 강화하는 것을 주요 목적으로 하고 있다.

실력 다지기

청소년안전망 운영사업

1. 사업소개

청소년안전망 운영사업은 지역사회 내 청소년에게 도움을 줄 수 있는 다양한 자원 즉, 경찰청, 교육청, 학교, 쉼터 및 복지시설 등과 연계하여 학업중단, 가출, 인터넷 중독 청소년을 위한 상담, 보호, 자립 등 맞춤형 서비스를 제공

cf 2019년 7월 1일부터 CYS-Net(지역사회 청소년통합지원체계) 사업명칭을 청소년안전망으로 변경

2. 서비스 대상

9세~24세 청소년 및 학부모

3. 추진방향

- 지역사회 기반의 청소년사회안전망 확대
- 위기청소년 발견·보호·지원을 위해 '청소년상담1388' 및 '청소년동반자' 운영 확대
- 지역사회 청소년 유관기관 및 단체 등 협력체계(1388청소년지원단) 강화
- 지자체 청소년안전망 선도사업 활성화

| 지역사회 청소년통합지원체계(청소년안전망) 체계도 |

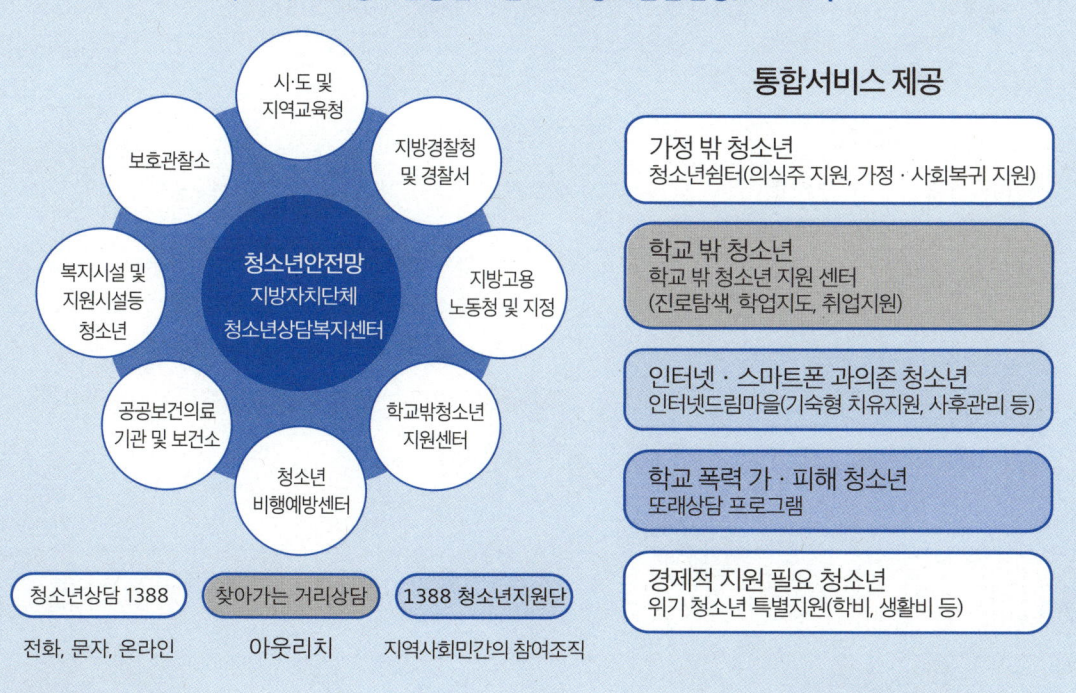

자료: 여성가족부(2023).

13 청소년성문화센터

모범답변 여성가족부 및 지방자치단체는 「아동·청소년의 성보호에 관한 법률」 제47조에 따라 아동·청소년의 건전한 성 가치관 조성과 성범죄 예방을 위하여 아동·청소년 대상 성교육 전문기관으로 청소년성문화센터를 설치·운영하고 있다. 2007년부터 전국 16개 시·도에 설치·운영되고 있는 청소년성문화센터는 청소년 스스로 자기 주도적, 실천적 체험학습을 통해 올바른 성지식을 습득하게 하도록 하여 건강한 성가치관을 지닌 개인으로 성장하도록 지원하고 있다.

청소년성문화센터 사업은 ① 체험관 및 이동형 교육장을 활용한 아동·청소년 성교육 및 성폭력 예방 교육, ② 학교와 연계한 찾아가는 성교육 ③ 지역사회 내 교육 및 홍보활동 ④ 교사 및 보호자 대상 교육프로그램 운영 ⑤ 농·산·어촌 지역 등으로 찾아가는 성교육 실시 등이 있다.

2023년 기준 고정형 47개소와 이동형 10개소로, 총 57개소가 운영되고 있다.

| 청소년성문화센터 지역별 설치 현황 |

(단위 : 개)

구분	전국	서울	부산	대구	인천	광주	대전	울산	경기	강원	충북	충남	전북	전남	경북	경남	제주
고정형	47	8	3	2	2	2	1	1	6	3	2	2	4	4	3	2	2
이동형	10	-	2	-	-	-	-	-	3	1	1	1	-	-	1	1	-

자료 : 여성가족부(2023).

14. 청소년꿈키움센터

모범답변 법무부는 학교폭력 등 저연령 소년에 의한 비행이 증가함에 따라 위기청소년 및 비행 초기 단계에 있는 청소년의 재범 방지를 위한 장기적이고 체계적인 대책의 일환으로, 2007년 7월부터 부산·광주·대전·청주·안산·창원 등 6개 지역에 청소년비행예방센터를 설립한 것을 시작으로, 2022년 19개 센터(비직제 1개 기관 포함)를 운영하고 있다.

기관의 긍정적 이미지 제고 및 교육대상자의 심리적 부담감을 해소하고자 2013년 11월부터 대외명칭을 '청소년꿈키움센터'로 변경하여 사용하고 있다.

| 청소년꿈키움센터 비행예방활동 현황(2014~2021) |

(단위 : 명)

구분 연도	대안교육			청소년 심리상담			보호자 교육
	소계	학교의뢰	기타	소계	학교의뢰	기타	
2014	4,292	4,026	266	5,449	4,914	535	7,955
2015	4,395	4,035	360	6,585	5,492	1,093	7,532
2016	5,115	4,824	291	7,450	6,891	559	7,594
2017	7,969	6,623	1,346	8,357	7,251	1,106	5,689
2018	8,346	7,028	1,318	7,469	6,537	932	4,549
2019	5,861	4,930	931	7,701	6,140	1,561	3,865
2020	1,742	1,184	558	1,413	1,020	393	1,945
2021	1,843	1,579	264	2,276	1,686	590	2,294
2022	2,206	1,888	318	2,716	2,512	204	3,416

주 : 기타는 아동복지기관 등에서 의뢰한 취약·위기청소년을 의미함.
자료 : 법무부 범죄예방정책국(2020~2023). 범죄예방정책 통계분석.

15 디지털미디어 피해 청소년 회복 지원 사업

모범답변 청소년상담복지센터는 청소년의 미디어 과의존을 예방하고 치유하기 위하여 대상자 발굴에서부터 사후관리까지 체계적인 시스템을 구축하고 맞춤형 서비스를 제공하고 있다. 미디어 과의존 청소년을 위하여 개별상담과 인터넷·스마트폰 치유캠프, 가족치유캠프 등 특화 프로그램을 운영하고 있다.

실력 다지기

디지털미디어 피해 청소년 회복 지원 사업

1) 미디어 이용습관 진단조사
   학령전환기 청소년(초1, 초4, 중1, 고1)을 대상으로 K척도(인터넷 과의존 자가진단), S척도(스마트폰 과의존 자가진단), 유아동 스마트폰 과의존 척도, 청소년 도박문제 선별도구(사이버도박용)를 활용한 미디어 이용습관 진단조사를 통해 미디어 과의존 청소년을 조기에 발굴.

2) 청소년 미디어 과의존 상담·치유 서비스
   미디어 과의존 위험수준별 개인상담, 집단상담, 부모교육 및 치료협력병원 연계를 통한 치료비 지원 등의 서비스를 제공
   (1) 상담·치유서비스
      ① 미디어 이용습관 위험군 청소년에게 개인상담 서비스 제공
      ② 주의군 이상의 청소년을 대상으로 학교로 찾아가는 집단상담 서비스 제공
      ③ 청소년동반자 연계를 통한 지속적인 사후관리
      ④ 주의군 이상 청소년의 올바른 미디어 사용습관 형성을 위한 부모교육 제공
   (2) 치료지원
      ① 종합심리검사 지원
      ② 치료협력병원 연계 및 치료비 지원

3) 청소년 인터넷·스마트폰 기숙치유 프로그램
   인터넷·스마트폰 과의존 청소년의 연령에 따라 인터넷·스마트폰 치유캠프와 가족치유캠프를 운영
   (1) 인터넷·스마트폰 치유캠프
      과의존 위험군 청소년을 대상으로 인터넷과 단절된 환경에서 7박8일 동안 상담과 다양한 체험 및 대안활동을 통해 인터넷·스마트폰 과의존을 극복하도록 지원하는 프로그램
      - 장소 : 국립청소년인터넷드림마을(무주), 국립대구청소년디딤센터 등
      - 참가비 : 5만원(기초생활수급자, 차상위계층, 한부모가족지원대상자 등 취약계층 청소년 무료)
   (2) 가족치유캠프
      인터넷·스마트폰 과의존으로 인해 부모·자녀 간 갈등이나 학교 부적응 등 어려움을 겪는 청소년과 보호자를 대상으로 초1연령 1박 2일, 초2~6연령 2박 3일 동안 부모교육 및 의사소통 기술훈련 등을 통해 가족관계 개선을 지원하는 프로그램
      - 장소 : 국립청소년수련원, 국립청소년해양센터, 국립숲체원 등
      - 참가비 : 1인당 1만5천원(기초생활수급자, 차상위계층, 한부모가족지원대상자 등 취약계층 청소년 무료)

4) 청소년 미디어 과의존 대응 상담전문인력 양성
   급변하는 미디어 환경에 선제적으로 대응하기 위하여 청소년 미디어 과의존 개입을 위한 프로그램 개발 및 미디어 과의존 대응 상담전문인력을 양성

16 청소년희망센터

모범답변 청소년희망센터는 2011년부터 여성가족부 위탁사업의 일환으로 한국청소년상담복지개발원 내에 설치된 '청소년권리 전담기구'이다. 권리의 주체자이자 의무자인 청소년들이 자신의 권리를 지키고 타인의 권리를 존중해주며 희망 속에 살아갈 수 있도록 돕기 위해 다양한 활동을 하고 있다.

17 청소년상담복지센터

모범답변 청소년복지 지원법(제29조)에 근거하여 광역시 이상의 시·도와 시·군·구에 설치하도록 되어 있으며 교육청 및 학교와의 연계망을 통한 상담프로그램을 운영하고 있다. 상담복지센터 고유의 역할인 상담활동을 진행하고 있고 전문상담프로그램 개발, 청소년상담 관련 연구 활동 및 학술 심포지움 개최와 전문 상담 연수기관으로서의 기능도 수행하고 있다. 더 나아가 청소년에 대한 맞춤형 one-stop 서비스 강화를 위해 청소년 통합지원체계(청소년 안전망)를 구축·지원하고 있다.

18 Wee센터

모범답변 Wee는 'We와 education 또는 We와 emotion'의 합성어로 대한민국의 학교, 교육청, 지역사회가 연계하여 학생들의 건강하고 즐거운 학교생활을 지원하는 다중의 통합지원 서비스망이다.

19 1388 청소년지원단

모범답변 위기 청소년들의 든든한 울타리로 위기 청소년을 미리 발견하고 위험에 처한 청소년을 지원하는 역할을 수행하기 위해 민간단체 및 개인들의 자발적인 참여로 운영되고 있는 가슴이 따뜻한 아름다운 사람들의 모임이다.

20 또래상담

모범답변 또래상담은 일정기간 상담훈련을 받은 청소년이 어려움을 겪고 있는 친구를 조력하는 상담활동이다. 이는 다양한 또래상담 동아리 활동을 통하여 친구들이 서로 돕고 배려하는 학교문화를 형성하는 청소년 자치활동이며 또래상담자는 같은 학교와 학급에서 친구들과 생활하면서 따돌림이나 학교폭력 등 어려움을 겪는 친구를 쉽게 발견하고 이들의 문제해결을 위한 조력활동이 가능하도록 훈련을 받는다.

21 사랑의 교실

모범답변 폭력, 절도 등 범죄나 비행으로 인해 경찰 조사 단계에 있는 청소년들을 선도하여 비행 재발을 방지하기 위한 맞춤형 선도 프로그램이다. 보호자와 청소년이 사랑의 교실 입교에 동의한 경우에 해당 경찰관서에서 청소년(상담)지원센터, 청소년수련관 등 전문선도기관에 의뢰하여 다양한 인성교육 및 재범 방지 교육을 실시한다.

22 명예경찰소년단

모범답변 명예경찰소년단은 경찰, 학교, 선도단체의 유기적인 협조 하에 스스로가 각종 범죄 및 제반 사고로부터 자신을 보호할 수 있는 능력을 배양하고 봉사활동과 교통질서 등 기초질서 의식을 함양하기 위해 초등학교 4~6학년과 중학생 중에서 선발하는 제도이다.

명예경찰소년단은 경찰서에서 호신술을 배우는 명예경찰 무도학교, 경찰관서 치안 시스템 견학, 지역 경찰관과 합동순찰 등 현장체험활동을 실시하고 있으며 교내에서도 학교폭력 예방활동, 교통질서·기초질서 캠페인, 봉사활동 등을 수행한다.

CHAPTER 05 청소년관련 시사 이슈

01 비행청소년의 심리적 특성

모범답변 비행청소년들은 자기에 대한 만족 및 수용 정도가 낮아 자신이 열등하며, 쓸모없고 사랑받을 만한 존재가 아니라고 느끼고 자신의 가정에 대한 만족도가 낮습니다. 많은 비행청소년이 삶의 초기에 부모와의 관계에서 거부, 학대, 상실의 경험이 있어 타인과의 의미 있는 관계를 맺는 것을 힘들어 합니다. 마지막으로 비행청소년들의 공통적인 행동 특징은 충동적이고 주의가 산만하고, 자주 움직이고, 쉽게 흥분하고, 적은 자극에도 예민하게 반응하는 경향이 있습니다

02 청소년 자살 위험요인

모범답변 위험요인이란 개인을 둘러싸고 있는 내·외적 환경이나 개인의 특성 중 부정적인 영향을 미치는 요인을 말합니다. 위험요인을 가진 취약한 학생은 자살 위험이 낮다가도 갑자기 높아질 수 있으며 자살경고 징후에 관한 완벽한 리스트는 없습니다. 자살요인은 다차원적인 것이지만, 만약 위험요인을 줄일 수 있다면 자살위험성을 줄일 수 있습니다.

03 자살징후와 유의사항

모범답변 자살징후는 언어적, 행동적, 상징적 표현 등이 다양하게 나타나기 때문에 여러 가지 단서에 대해 미리 알고 이를 세심하게 관찰하여 대처하는 것이 중요합니다. 만약 작은 징후라도 발견되면 학부모에게 알리고 필요한 경우 전문가의 도움을 받도록 안내하고 학생과 가족과의 상담내용을 기록해 두는 것이 좋습니다.

04 학교폭력의 징후

모범답변

1. 갑자기 옷이 지저분하거나 단추가 떨어지고 구겨져 있다.
2. 안색이 좋지 않거나 평소보다 기운이 없다.
3. 친구가 시키는 대로 그대로 따른다.
4. 항상 힘겨루기 대상이 되고 패자가 된다.
5. 발표를 하거나 무슨 일을 할 때 전에 없이 자주 흠칫 거린다.
6. 친구 심부름을 하는 경우가 많아진다.
7. 혼자 지내는 모습이 두드러지게 많아진다.
8. 험담을 들어도 반발하지 않는다.
9. 몸이 아프다며 결석과 양호실 출입이 잦다.
10. 성적이 갑자기 떨어지고 이유를 잘 말하지 않는다.

05 성폭력의 징후

<u>- 다음의 내용을 문장으로 개별적 서술해 보세요.</u>

모범답변

1. 신체적 손상, 비뇨기와 관련된 질병이나 두통, 위장장애와 같은 신체적 질병의 징후
2. 평소와 다르게 까다롭거나 갑작스러운 극도의 수줍음
3. 안정감 상실과 정상적인 시간표에 부적응이 생기며 학교생활에 변화가 옴
4. 음식을 거부하거나, 선호하는 오락, 텔레비전 프로그램, 활동 등을 즐기지 못함
5. 낯선 사람에 대한 지나친 공포, 어둠에 대한 갑작스런 공포
6. 잠들기 어렵거나 악몽에 시달림
7. 생식기를 자주 씻음
8. 고민이 있는 것처럼 보이며 안절부절 못하고 잦은 분노감정의 폭발
9. 우울, 자살 경향, 술이나 약물 중독, 가출 등

06 인터넷 중독의 징후

- 다음의 내용을 문장으로 개별적 서술해 보세요.

모범답변

1. 인터넷 게임에 과도하게 몰입하여 계속 하기를 원하고 게임을 하고 있지 않을 때 불안, 초조감을 느끼는 금단 현상을 경험한다.
2. 게임을 끊으려는 시도를 하지만, 여러 번 실패한 경험이 있다.
3. 게임에 매달리는 일이 시간과 돈의 낭비이고 건강에도 좋지 않다는 것을 알면서도 게임을 끊기 매우 힘들어한다.
4. 게임을 하면 할수록 더욱 오래해야만 만족하거나 더욱 폭력적이고 자극적인 게임을 해야만 만족하게 되는 내성을 경험한다.
5. 불규칙한 식사와 수면부족으로 일상의 리듬이 깨지고 건강을 해치게 된다.
6. 혼자 게임에 빠져 가족이나 친구 등 대인관계에 문제가 발생한다.
7. 거의 매일 하루 평균 4시간 이상 게임을 한다.

07 인터넷 중독자의 특성

모범답변 인터넷(게임) 중독의 일반적인 증상은 대부분 시간을 게임을 하는 데에 보내는 강박적 집착과 사용, "1분만 더!" 증후군(one more minute syndrome)이라는 시간 왜곡 경험, 만족하기 위해 더 많은 시간을 인터넷 사용에 보내는 내성과 금단현상, 일상 생활 장애, 만성 피로감, 심장마비 등의 신체적 증상, 게임을 하지 않아도 장면이 머릿속에 떠오르는 잔영 현상 등이 나타납니다.

08 청소년의 게임중독과 그 원인

모범답변 청소년의 게임중독은 게임에 몰입하고 만족하기 위해 게임시간을 더 늘리는 내성현상이 있으며, 반복적인 접속으로 인해 학업에 소홀하고 현실의 일상생활에 흥미를 잃어 인간관계보다 게임에 몰두하고 게임을 하지 않으면 불안, 초조, 환상 등의 금단현상을 경험하는 것입니다.

청소년의 게임중독의 원인으로는 게임 자체의 특성, 게임을 하는 청소년의 심리적인 부분, 사회적인 분위기를 들 수 있습니다. 단계적으로 이루어진 대부분의 게임은 처음에는 쉽다가 점차 어려워지는데, 청소년은 어려운 단계에서 아슬아슬하게 게임이 끝나게 되면 아쉬움과 그 게임을 정복하고자 하는 승부욕으로 끝까지 도전하게 된다는 것입니다.

09 인터넷 중독이 의심될 때 중독에서 벗어날 수 있도록 일반적으로 추천하는 방법

<u>- 다음의 내용을 문장으로 개별적 서술해 보세요.</u>

모범답변

1. 컴퓨터를 가족의 공동 장소인 거실에 두어 청소년의 부적절한 인터넷 사용을 방지한다.
2. 컴퓨터 사용시간을 계획하도록 하여 청소년 스스로 자신의 컴퓨터 사용을 통제하도록 유도한다.
3. 컴퓨터 이외의 다른 취미활동이나 운동을 권유함으로써 관심 영역을 분산시키는 동시에 신체적·정신적 건강을 도모하도록 한다.
4. 청소년 자신이 해야 할 일을 먼저 완수하도록 한 후, 일종의 보상으로서 정해진 시간만큼 컴퓨터를 사용할 수 있도록 유도한다.
5. 평소 대화 시간을 늘림으로써 일상생활이나 대인관계 등의 고민에 대해 온화한 분위기에서 이야기를 나누도록 한다.

10 가정 밖 청소년 귀가 후 대처방법 및 지도방법을 부모에게 알려준다면?

모범답변 우선 편안하게 맞이해주는 것이 좋을 것입니다. 가출했던 자녀가 집으로 들어오면 부모는 여러 마음이 교차하면서 반갑기도 하고 원망스러운 마음이 들기도 하지만, 이러한 마음을 접어두고 중요하게 생각해야 할 것은 돌아온 아이를 편안하게 맞이하는 것입니다. 자녀를 따뜻하고 진정으로 반기는 마음으로 안아주거나 등을 쓰다듬거나 손을 꼭 잡아주어 정서적으로 안정을 찾을 수 있도록 돕는 것이 중요합니다. 그리고 가출에 대한 부모의 의견을 분명히 이야기하고 부모 자신이 가정 내 변화를 위해 어떤 노력을 할 것인지를 약속하는 것이 필요합니다.

11 가정 밖 청소년의 선도방안 및 예방대책을 말해보라.

모범답변 가출은 가족문제, 학교 내에서의 스트레스와 같은 요인들의 복잡한 상호작용으로 일어나기도 합니다. 가정 밖 청소년의 공통적인 특징은 대인관계에 서투르고 자의식이 강하여, 무시당하는 것에 쉽게 분노하며 판단이 충동적입니다. 이에 대해서는 조기예방이 가장 중요할 것입니다. 가정에서의 불만이 가출의 직접적 원인인 만큼 권위적이기 보다는 민주적인 가정 분위기가 중요합니다. 그리고 청소년의 흥미와 적성을 고려한 교육경험을 제공하며 성장과 발달을 돕는 교우관계 기술도 가르쳐야 합니다. 더 나아가 가정과 학교, 지역사회의 원스톱적인 접근이 필요합니다.

실력다지기

가정 밖 청소년 아웃리치 활동
1) 가정 밖 청소년 아웃리치 활동으로 가정 밖 청소년의 조기발견을 통한 가정복귀 및 복지적 지원을 함
2) 비행·폭력과 약물중독, 성관련 문제 등 2차적 문제행동에 빠지게 될 가능성이 높아 초기에 집중구호를 함
3) 아웃리치 과정에서 발견된 가정 밖 청소년에게는 가정복귀를 돕거나 청소년통합지원체계(청소년 안전망)의 정보 및 자원을 활용해 청소년쉼터 보호 등 다양한 지원을 제공함

가정 밖 청소년에 대한 견해
청소년 가출은 부모의 불화나 학대, 폭력, 부모의 방임 등 청소년이 숨막히는 상황에서 벗어나고자 가출을 하게 된다. 그리고 청소년 가출은 비행, 약물중독, 학교 중퇴, 성매매 등의 범죄에 노출될 수 있다는 것이 문제이다. 따라서 사후적인 개입보다는 사전적인 예방책이 중요하다고 본다.

12 미혼모 발생 원인

- 다음의 내용을 문장으로 개별적 서술해 보세요.

모범답변
1. 성과 피임에 대한 지식 부족
2. 충동, 강간, 설득 등 준비되지 않은 성관계 증가
3. 미혼부에 대한 도덕적, 제도적 제재 미비
4. 가출의 증가와 성경험의 저 연령화
5. 임신중절 기회상실 및 임신중절에 대한 죄의식
6. 가족해체와 가족기능의 퇴색 등으로 생활규범 문란

13 우리 사회에서 자살률이 높은 이유를 청소년을 대상으로 견해를 말해보라.

모범답변 청소년 대상의 자살률이 높은 이유를 생활 스트레스 측면에서 본다면 학습에 대한 스트레스, 가족문제에 대한 스트레스, 학교생활에서 친구관계로부터의 스트레스 등으로 우울에 빠져들 가능성이 매우 높고 이 상황이 자살로 이어질 확률이 높다고 봅니다. 그리고 사회적 측면으로 본다면, 가족의 비조직화와 응집성이 결여되어 갈등이 더 높은 상황에서 청소년이 자살에 이를 확률이 높다고 봅니다.

14 자살을 해결하는 방법을 청소년을 대상으로 말해보라.

모범답변 자살을 예방하고 치료하는 방법은 자살에 대해 말하는 청소년과 이전에 자살을 시도한 청소년들은 매우 심각하게 고려할 필요가 있으며 그들이 재빨리 도움을 얻을 수 있도록 해주어야 합니다. 그리고 자살각성 프로그램의 하나인 '다시 생각하기' 운영과 학교와 지역사회가 친구의 자살 이후에 청소년들에 대한 정서적 지원을 제공해 줄 필요가 있을 것입니다.

15 사이버 모욕을 해결하기 위한 대안을 말해보라.

모범답변 사이버 모욕을 해결하기 위한 대안은 2가지로 말씀드리고 싶습니다. 첫째, 청소년들에게 악플 예방교육을 실시하는 것입니다. 일부 학생들은 학교 등에서 평소에 안하던 욕을 쏟아내고 연예인에 대한 근거 없는 소문을 냅니다. 학생들을 대상으로 악플에 대해 예방·교육을 하며 미래에 대한 대비를 해야 합니다. 둘째, 포털 사이트의 행동이 요구됩니다. 포털 사이트는 자신들을 내용에 관한 책임이 없다고 이야기를 하지만, 분명 그에 따르는 책임이 있으므로 책임을 질 필요가 있다고 봅니다.

16 학교폭력의 원인과 문제점을 말해보라.

모범답변 학교폭력 원인에는 학업적 스트레스, 개인적인 성품의 문제 등 많겠지만, 제가 생각하는 한 가지는 친구들과의 관계에서 찾아볼 수 있을 것입니다. 다시 말하면, 또래 친구에 대한 배려나 이해의 부족이 문제라고 생각합니다. 또래 친구에게 경멸감을 갖거나, 복종감을 요구하는 등의 잘못된 관계 의식이 원인이라고 봅니다. 학교폭력의 문제점은 가해자의 가해도 문제이지만, 피해자의 입장에서 낮은 자존감 형성, 따돌림과 같은 왕따 문제, 우울증 유발, 더 나아가서는 끔찍한 자살로 이어지는 문제가 생길 수 있습니다.

실력 다지기
학교폭력의 원인으로 첫째, 핵가족화와 대중문화의 영향으로 예절 교육이 부족하기 때문이라고 생각합니다. 둘째, 개인 이기주의의 심화를 들 수 있습니다. 성적우선주의로 진정한 대화 상대보다는 학원의 학습문화에 길들여지고 잠시 짬이 나더라도 인터넷을 이용하면서 스트레스를 풀다보니 악플과 폭력성 게임 등으로 폐쇄된 생활에 익숙해지고, 놀이문화와 건전한 청소년 공간이 부족하기 때문입니다.

17 아동 성폭력의 원인과 문제점을 말해보라.

모범답변 아동 성폭력의 원인은 여러 가지가 있을 것입니다. 제가 가장 중요하게 생각하는 문제점은 잘못된 성문화의 인식 확산과 '나홀로 아동'이 많은 현 사회현상을 원인으로 생각하고 있습니다. 올바른 성문화가 정착되지 않은 것에는 대중매체의 영향도 한 몫을 한 것이라고 생각합니다. 음란 성문화가 인터넷을 통해 확산되고 쉽게 접근할 수 있는 것도 문제일 것입니다. 그리고 '나홀로 아동'의 경우는 맞벌이 가정이 증가하면서 홀로 남겨진 아이들이 많아, 집에서 가까운 이웃의 남자어른 즉, 면식범에게 성폭력을 당하는 문제가 있다고 생각합니다.

18 아동의 성폭력방지를 위해 실시하고 있는 사후적 제도를 말해보라.

모범답변 아동의 성폭력방지를 위한 사후적 제도에는 전자발찌제도, 전자발찌를 찬 범죄자의 신상을 인터넷에 공개하는 성범죄자 신상정보 등록제도, 성폭력 제도에 있어서 공소시효제도 폐지, 성폭력범죄가 심각한 사람들을 대상으로 성충동 억제약물을 투여하는 화학적 거세를 실시하고 있습니다.

실력 다지기
1) 아동·청소년 대상 성범죄자 신상공개제도[1]는 청소년 대상 성매수, 강간, 강제추행, 매매춘 알선, 아동·청소년 이용 음란물 제작 및 배포 등의 성범죄행위를 범하고 유죄판결을 받아 형이 확정된 자 또는 공개명령이 확정된 범죄자의 신상을 공개하는 제도이다.
2) 여성가족부가 운영하는 성범죄자 알림e(http://www.sexoffender.go.kr) 사이트를 통해 공개[신상정보 등록대상자의 성명, 나이, 주소(도로명 및 건물번호까지), 키와 몸무게, 사진, 성범죄 요지] 열람은 징역 3년 초과의 범죄에 대하여서는 10년, 3년 이하의 범죄에 대하여서는 5년, 벌금형의 범죄에 대하여는 2년의 기간 동안 가능하다.

---

[1] 아동·청소년 대상 성범죄자 신상공개제도로써, [성범죄자 알림e - http://www.sexoffender.go.kr/] 사이트에 등록되고 있음

19. 아동 성폭력방지를 위한 사전적 예방대책을 말해보라.

모범답변 아동성폭력의 원인 중 하나는 어릴 때부터 올바른 성교육이 이루어지지 않기 때문이라고 생각합니다. 현재 학교에서 실시하는 형식적인 프로그램보다는 성폭력 예방 시뮬레이션이나 관심을 끌기 위해 인형을 이용한 상황극을 통해 실제 상황에 대비하는 것이 필요하다고 봅니다. 또한 아동을 소유물로 생각하는 인식을 고쳐야한다고 생각합니다. 먼저 성폭력 예방 캠페인 등을 아동만이 아닌 부모와 어른들에게도 실시하는 것이 바람직하다고 생각합니다.

20. 미성년자 성매매의 원인과 바람직한 대응방안은?

모범답변 미성년자 성매매는 왜곡된 성 가치관이나 가출, 약물남용, 음주 등이 원인이 되며 청소년들은 유흥비와 생활비를 마련하기 위해, 그리고 놀이생활을 위해 성매매를 한다고 생각합니다. 바람직한 대응방안으로는 청소년들에게 건전한 성 의식과 진로탐색을 위한 정보교육 및 교사, 청소년지도사나 청소년상담사 등의 멘토링 프로그램과 상담이 요구됩니다. 또한 부모와의 관계 개선과 또래집단과의 교류확대 등 청소년을 지지할 수 있는 사회적 지지망이 필요합니다.

21. 약물중독 문제가 있는 청소년에 대한 개입에 대해 말해보라.

모범답변 법적규제로 청소년들이 유해약물에 접근하는 것을 차단하는 것도 중요한 부분이지만, 약물중독의 사전예방적 차원이 무엇보다 중요하다고 봅니다. 그러한 차원에서 청소년을 보호하기 위해 가족과 학교, 지역사회가 서로 연계하여 지속적으로 노력하는 것이 필요하며 정부 차원에서는 약물중독 집단프로그램 개발과 운영, 전문치료기관과의 연계체계 구축이 필요하다고 생각합니다.

> **실력다지기**
> 1) 중추신경 흥분제 - 뇌신경 세포의 기능을 흥분시키는 약물로써 담배, 카페인, 암페타민류(필로폰), 코카인 등이 있다.
> 2) 중추신경 억제제 - 뇌신경 세포의 기능을 억제시키는 약물로써, 술, 마약류, 신경안정제 등이 있다.
> 3) 환각제 - 뇌신경 세포의 기능을 흥분시키기도 하고, 억제시키기도 하는 약물로써 대마초 등이 있다.

22. 청소년기의 상상의 청중과 개인의 우화에 대하여 설명하고, 요즘 청소년들이 연예인들을 따라하는 것에 대해 어떻게 생각하는지?

모범답변 상상적 청중과 개인의 우화 모두 자기중심성에서 나타나는 것입니다. 상상의 청중은 자의식의 과잉으로 자신이 타인의 집중적인 관심을 받고 있다고 착각하여 과장된 행동을 하는 것입니다. 개인적 우화는 자신이 남과는 다른 특별하고 독특한 존재라고 생각하여 자신을 불멸의 존재로 착각하고 무모한 행동을 일삼는 것입니다. 청소년들이 연예인들을 따라하는 것은 일종의 동일시 현상이라고 생각합니다. 이는 자연스러운 현상일 수도 있겠지만, 무비판적인 몰입은 청소년의 성장에 문제가 있을 수 있으므로 청소년이 자신을 돌아볼 수 있는 기회를 주고, 가정과 학교에서의 지도교육으로 사전에 문제가 될 수 있는 소지는 막아야 한다고 생각합니다.

23. 청소년들의 또래문화에 대해 말해보라.

모범답변 청소년들의 또래문화란, 청소년 또래끼리 느끼는 감정, 행동, 습관, 규칙, 흥미 등 또래 구성원들의 모든 생활양식을 말합니다. 청소년들에게 있어서 또래집단은 단순히 같이 어울려 노는 친구들이라는 개념이 아니라, 서로에게 큰 영향을 주고받는 존재입니다. 청소년들은 또래문화를 통해서 서로를 이해하고, 갈등을 해결해나가는 방법 등을 배우게 됩니다. 따라서 또래문화는 올바른 사회화 과정과 자아정체감의 형성에 큰 영향을 미친다고 생각합니다.

24. 다문화 청소년에 대한 지원방안에 대해 말해보라.

모범답변 다문화 청소년에 대한 지원은 2008년 제정된 다문화가족지원법으로 제도화되어 이루어지고 있습니다. 한국어 언어능력발달 지원, 생활지도를 겸비한 문화도우미 지원, 다문화 자녀에 대한 자존감 회복 프로그램 운영, 다문화가정 주변지역 지역주민과 다문화 자녀 학교에 대해 다문화 이해 지원교육 실시 등 많은 지원을 하고 있습니다.

25. 아동학대와 함께, 아이를 사망에 이르게 한 사건을 접하면서 느낀 점은?

모범답변 저는 생명에 대한 경시사상이 우리 사회에 만연되어 있음을 느낄 수 있었습니다. 존속살인, 묻지마 살인, 자기 스스로 자해를 행하는 자살 등과 함께 원영이 사건은 타인의 생명을 존중하지 못하고 이를 경시하는 풍토, 즉 사회문제가 많은 것에 대한 안타까움을 느꼈습니다.
그리고 힘없는 아이에게 정말 못된 짓을 하고 그것도 모자라, 아이를 죽인 것에 대한 분노를 느껴서 그것에 합당한 처벌이 이루어져야 한다고 생각했습니다.

26. 아동학대[2]의 원인은 무엇이라고 생각하는가?

모범답변 최근 아동학대 발생 빈도가 더욱 늘어나고 있고, 그 강도 또한 심해지는 양상을 보이고 있습니다. 아동학대 원인으로는 문제가 있는 가정이나 이혼, 별거 등으로 불완전한 가족구조의 증가와 경제적 어려움으로 인해 가정의 양육역할이 제대로 이루어지지 못하는데 있다고 봅니다. 또한 친권의식이 강한 우리나라에서 아동을 부모의 소유물로 생각하는 부모나 사회 구성원의 사회적 인식에 따라 발생하기도 한다고 봅니다.

27. 아동학대에 대한 해결책은 무엇이라고 생각하는가?

모범답변 아동학대의 해결책으로는 가장 먼저 예방이 우선되어야 한다고 생각합니다. 양육기능이 약화된 가정을 발견하고 도움이 되는 프로그램으로 기능회복을 도와줌으로써 아동학대를 방지하고 아동의 권리에 대해 시민에게 홍보함으로써 가정에서 뿐만 아니라 사회에서도 보호받아야 하는 존재로서 인식하게 하는 것이 가장 중요한 것 같습니다.

28. 학교교사의 성추행에 대한 자신의 견해를 말해보라.

모범답변 최근 학교 교사의 성추행 사건은 충격을 안겨다 준 사건이었습니다. 문제의 심각성을 인식한 해당 시의 교육감은 앞으로 성추행으로 물의를 일으킨 교사는 원 스트라이크 아웃제를 도입, 영구적으로 교단에서 축출하겠다고 했습니다. 제 생각에 이러한 문제를 근원적으로 해결하기 위해서는 성추행 문제가 왜 끊임없이 일어나고 있는지에 대한 원인분석부터 해야 합니다. 학생을 인격적으로 대하는 학교에서 인격적인 만남과 교육이 가능하리라고 봅니다. 그리고 성문제를 근본적으로 해결하기 위해서는 인간의 존엄성부터 회복해야 합니다. 학교가 교육하는 곳, 인간의 존엄성을 배우는 곳이 되기 위해서는 학생과 교사의 인권이 동시에 존중되어야 한다고 생각합니다.

---

[2] 긴급전화 : 1577-1391, 보건복지상담콜센터 129, 직무상 신고의무자 미 신고시 1,000만 원 이하의 과태료 부과

CHAPTER 06 면접 기출(족보) 정리

01 현재 우리나라의 청소년의 인구는?

모범답변 2025년 기준, 9~24세의 청소년 인구는 약 762만 6천명으로 우리나라 총인구 5,168만여 명 중 약 14.8%를 차지하고 있습니다.

02 청소년쉼터의 설치현황은?

모범답변 2025년 기준, 청소년쉼터는 일시쉼터 33개소, 단기쉼터 66개소, 중장기쉼터 38개소로, 모두 137개소가 있습니다.

03 드림스타트 센터의 설치현황은?

모범답변 모범답변 드림스타트는 정부의 국정과제로 채택되면서 2008년부터 본격 확대되기 시작하였습니다. 2025년 기준, 시·군·구의 229개 드림스타트 센터에서 드림스타트 사업을 실시하고 있습니다.

04 청소년상담복지센터의 설치현황은?

모범답변 2025년 기준, 시·도 청소년상담복지센터는 모든 17개 시·도에 설치되었으며 시·군·구 청소년상담복지센터는 「청소년복지 지원법」에 의거하여 생활권 중심의 실질적인 청소년상담체제를 구축하고자 240개 기초자치단체에 설치·운영하고 있습니다.

05 청소년들이 경험한 아르바이트의 목적[1]은?

모범답변 '청소년 매체 이용 및 유해환경 실태조사'에 의하면 2022년에 아르바이트를 하고 있거나 한 적이 있는 청소년 비율은 7.3%로, 지난 조사(2020년) 대비 비율이 2.7%p 커졌습니다.

아르바이트를 하는 주된 이유로는 '부모님께서 용돈을 주시지만, 내가 원하는 것을 하기에는 돈이 부족해서'로 응답한 청소년이 45.9%로 가장 큰 비중을 차지하였습니다. 경제적 사유로 아르바이트를 한 비율은 약 55.8%로 나타났습니다. 해당 비율은 2020년 조사 대비 소폭 줄어들었습니다. 한편 경제적 사유 외적으로는 '부모님께서 용돈을 주시지만, 스스로 사회 경험을 해보고 싶어서(25.2%)', '경제적 형편과는 상관없이 재미있을 것 같아서(9.8%)', '경제적 형편과는 상관없이 친구가 같이하자고 해서(5.3%)', '기타(3.9%)' 순으로 응답 비중이 크게 나타났습니다.

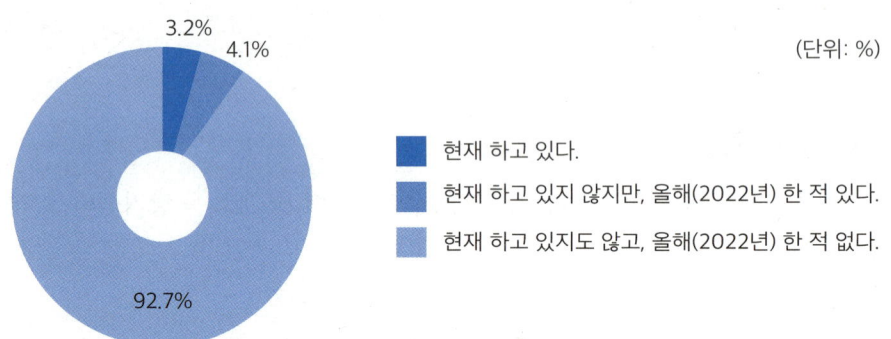

| 청소년 아르바이트 경험 여부(2022년) |

자료: 여성가족부(2023). 2022 청소년 매체 이용 및 유해환경 실태조사

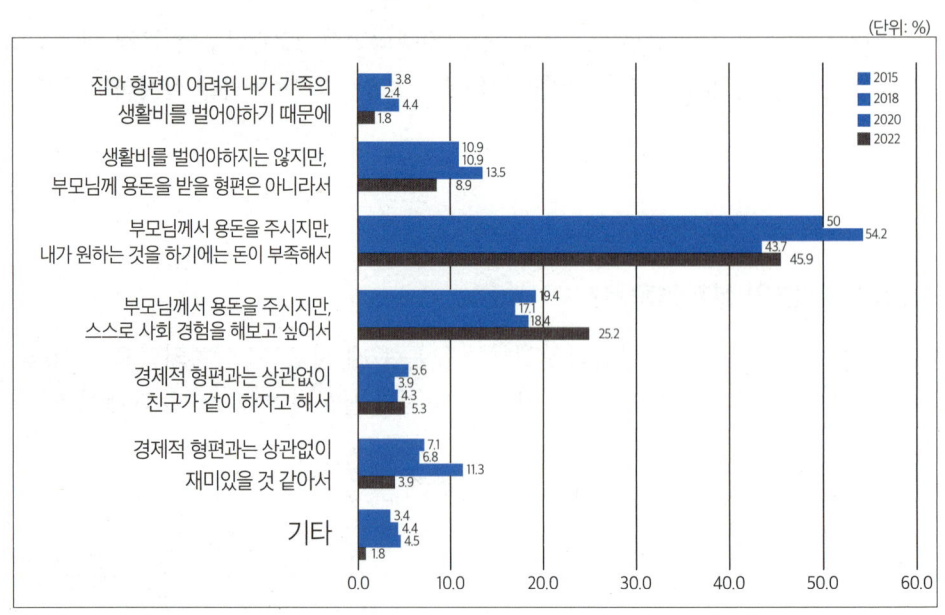

| 아르바이트를 하는 주된 이유(2022년) |

자료: 여성가족부 청소년 매체이용 및 유해환경 실태조사. 각 년도 원자료

---

1) 2023 청소년 백서 자료

06 청소년 안전망의 실제 이용현황은?

모범답변

1. 2023년 청소년안전망 서비스 이용 실인원은 남자 청소년이 50.4%(69,476명), 여자 청소년이 49.6%(68,427명)로, 여자 청소년보다 남자 청소년이 많이 이용한 것으로 나타났습니다.
2. 2023년 4,911,770건의 맞춤형 서비스를 제공·연계하였습니다.
3. 2023년 하반기부터 지원서비스 내용이 아래와 같이 변경 적용되었습니다.

| 청소년안전망 이용현황(2023년 통계 기준) |

연도	상담 및 정서적지원	사회적 보호	기초생활 및 경제적 지원	교육 및 학업지원	자활지원	의료지원	법률자문 및 권리 구제 지원	여가 및 문화활동 지원	합계
~2023.05	957,658	32,963	226,269	43,180	1,849	16,400	1,241	95,166	1,374,726

연도	상담·심리지원	건강지원	주거지원	보호지원	생활지원	돌봄·보육지원	교육지원	자립지원	법률지원	안전지원	활동지원	사후지원	합계
'23.6월~12월	2,707,292	32,027	295	32,6633	336,001	3,149	109,237	3,869	1,559	51,045	209,809	20,131	3,537,044
'23년 합계													4,911,770

주. 2023년은 신규 시스템 적용에 따른 실적마감 작업 중으로 일부 변동될 수 있음
자료: CYS-Net(~23.5월), 청소년 안전망시스템('23.6월~).

07 청소년의 흡연 실태는?

모범답변

1. 24년 중·고등학생 100명 중 약 4명(3.6%)은 최근 30일 내 흡연한 적이 있으며, '23년(4.2%) 대비 0.6%p 감소하였습니다.
2. 남학생(4.8%)의 흡연 경험률이 여학생(2.4%)보다 2배 높게 나타났습니다.

08 청소년의 음주 실태는?

모범답변

1. '24년 중·고등학생 100명 중 약 10명(9.7%)은 최근 30일 내 음주한 적이 있으며, '23년(11.1%) 대비 1.4%p 감소하였습니다.
2. 남학생(11.8%)의 음주 경험률이 여학생(7.5%)보다 높게 나타났습니다.

09 청소년수련시설 현황은?

모범답변 2025년 기준, 총 866개 중 청소년 수련관 203개(23.4%), 청소년 수련원 152개(17.6%), 청소년 문화의 집 365개(42.1%), 청소년 야영장 34개(3.9%), 유스호스텔 98개(11.3%), 청소년 특화시설 14개(1.6%)소가 있습니다.

10 청소년범죄 유형별 현황은?

모범답변

1. 2023년 통계 기준 청소년범죄자는 6만 6,758명으로 전체 범죄자(136만 명)의 4.9%입니다.
2. 전체범죄 중 청소년범죄 비중은 '22년(4.5%) 대비 0.4%p 증가하였습니다.
3. 범죄유형으로는 재산범죄(42.5%)가 가장 많았고, 기타(27.3%), 강력(폭력)범죄(22.9%), 강력(흉악)범죄(7.3%) 순이며, '22년 대비 강력(폭력)범죄와 강력(흉악)범죄 비중은 감소하였으나 기타 범죄 및 재산범죄의 비중은 증가하였습니다.

11 현재 청소년지도사 급수별 양성실적[2]은?

모범답변 2024년 기준, 총 72,622명 중 1급 2,825명, 2급 53,077명, 3급 16,720명의 국가 공인 청소년지도사를 1993년부터 배출하였습니다.

---

2) 출처 : 청소년지도사 종합 정보 시스템

12 청소년정책을 결정하는 여성가족부의 청소년관련부서에 대하여 설명하라.

모범답변 여성가족부 청소년가족정책실 조직은 청소년정책관과 가족정책관으로 구성되며, 청소년정책관은 청소년정책과, 청소년활동진흥과, 청소년활동안전과, 청소년자립지원과, 학교밖청소년지원과, 청소년보호환경과 등 6개과의 업무를 관장하고 있습니다.

| 여성가족부 조직도 |

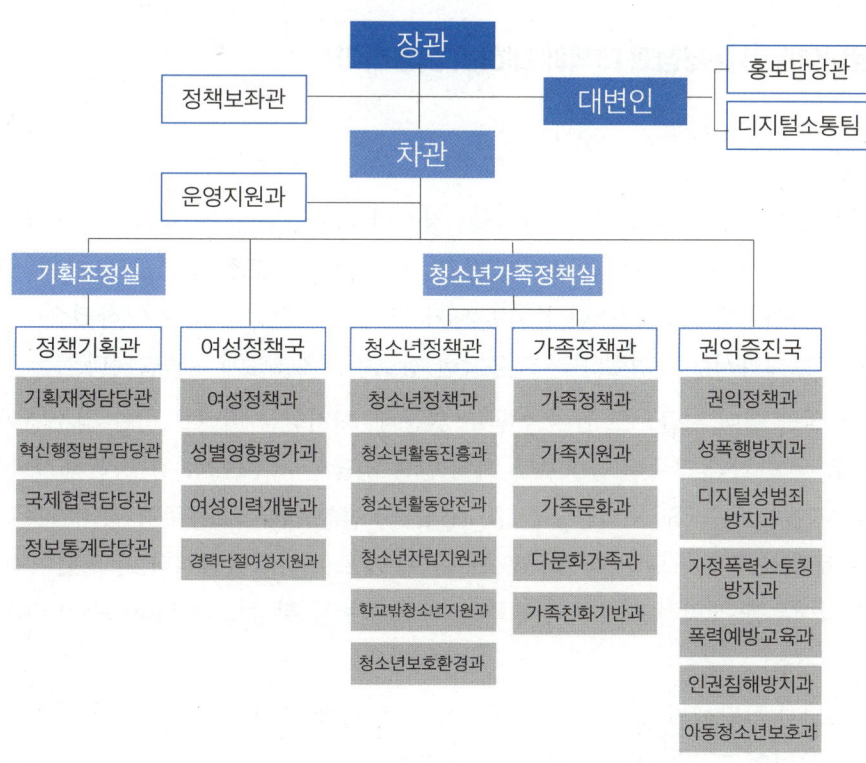

13 2025년도 청소년정책과 관련된 재정 현황에 대하여 설명하라.

모범답변 2025년 청소년 관련 정책 예산은 944억 2천 6백만 원으로, 전년대비 66억 5천 1백만원(7.6%) 증가하였습니다.

14 최저임금제도와 2025년 최저임금은 얼마인지 설명하라.

모범답변 모범답변 최저임금제도는 국가가 노·사 간의 임금결정과정에 개입하여 임금의 최저수준을 정하고, 사용자에게 일정 수준 이상의 임금을 지급하도록 법으로 강제함으로써 저임금 근로자를 보호하는 제도입니다. 2025년 최저임금의 경우 시간급 기준 10,030원으로 전년 대비 1.72% 인상되었습니다.

15 청소년 아르바이트의 문제점과 대책에 대하여 설명하라.

모범답변

문제점

1. 2023년 청소년 백서에 따르면, 아르바이트를 하는 청소년들의 노동관계법령에 관한 인식은 높지 않은 것으로 나타났습니다. 업무내용, 급여, 근로시간, 휴일 등의 내용이 포함된 근로계약서를 작성하였는지를 조사한 결과, 아르바이트를 하는 청소년 중 49.4%가 '작성하지 않았다'고 응답하였습니다. '그러한 내용이 모두 포함된 근로계약서를 작성했다'라고 응답한 청소년은 37.6%에 그쳤습니다.

2. 청소년 열 명 중 일곱 명이 시급으로 급여를 받고 있는데, 최저임금 미만을 받는 청소년이 13.9%에 달하였습니다. 임금을 못 받거나 약속된 금액보다 적게 받는 부당한 처우(9.1%)를 경험하기도 하고, 일하기로 약속한 날이나 시간이 아닌데도 초과근무를 요구(14.7%) 받는 경우, 고용주나 관리자로부터 언어폭력이나 성희롱 또는 물리적 폭행을 당한 경우(3.6%)도 있는 것으로 나타났습니다. 청소년이 아르바이트 과정에서 다양한 부당대우를 경험하고 자신의 권리를 침해받는 등 부당노동행위가 광범위하게 존재하는 것으로 확인되었습니다.

3. 아르바이트를 하면서 부당행위 및 처우를 경험했을 때 어떻게 대처했는지 조사한 결과, '참고 계속 일했다'는 비중이 74.1%이었고, 그 다음으로 '그냥 일을 그만두었다(14.2%)', '고용주 혹은 관리자에게 항의하였다(13.1%)' 순으로 나타났습니다. '지원기관에 도움을 요청하였다'고 한 경우는 1.7%에 불과했습니다.

대책

1. 부당한 처우에 대해 신고하지 않은 이유는 '귀찮고 번거로워서(36.8%)' 응답이 가장 많았다. 이외에도 '신고할 만큼 큰 일이라고 생각하지 않거나 금방 해결되어서(23.6%)', '일자리를 잃게 될까봐(9.9%)', 등의 응답이 있어 제도적인 개선이 필요할 것으로 보입니다.

2. <u>청소년이 처음으로 노동시장에서 접한 일자리에서 자신의 노동권을 침해받는 경험을 하지 않도록 하여, 향후 사회초년생으로 노동시장에 잔류 혹은 재진입할 때 안정적으로 정착할 수 있게끔 할 필요가 있습니다.</u> 이를 위해 청소년이 안전한 근로환경에서 일할 수 있도록 법정부적인 청소년 보호 대책의 지속적 추진이 요구됩니다.

16 자신이 생각하는 청소년의 의미는?

모범답변 청소년은 인간의 행동발달 단계로서 아동의 역할행동은 더 이상 수행하지 않으나 성인의 역할과 행동을 수행하기에는 아직 이른 단계에 있는 자로서, 아동의 특성과 성인의 특성을 부분적으로 가지고 있으면서 양자의 어디에도 속하지 않는 과도기적인 존재입니다. 그리고 청소년은 생애발달 과정의 어떤 시기와도 다른 독특성을 지님과 동시에 한 인간으로서의 인격적 존엄성을 지닌 존재입니다.

실력다지기

1) 신체적 특성 - 신장과 체중의 급격한 성장, 체격과 골격의 변화, 생식기능의 발달과 성호르몬의 변화가 일어난다.
2) 인지적 특성 - 지적능력이 절정에 달하여 중요한 인생문제나 사회문제를 정의하고 추론할 수 있는 질적인 측면에서의 능력이 고도화 되고 형식적 조작 사고를 할 수 있다.
3) 정서적 특성 - 성 충동의 급격한 증가로 인한 정서적 혼돈을 경험하며 감정의 양가성을 나타낸다.

17 청소년지도자의 정의는?

모범답변 청소년지도자는 청소년기본법에 의한 청소년지도사, 청소년상담사, 청소년시설이나 단체, 청소년관련 기관에서 청소년육성 및 지도업무에 종사하는 자를 총칭하는 개념입니다. 청소년지도사는 청소년기본법 제21조에 근거하고 있으며, 여성가족부가 청소년 지도의 전문성을 위해 청소년기본법에 근거하여 자격 검정을 실시하고, 이에 합격한 자에게 여성가족부장관이 부여하는 국가 공인자격입니다.

실력다지기 **청소년지도사**

급격한 사회변화에 따라 심각해지고 있는 청소년문제를 적극적으로 해결하고 체계적인 청소년활동을 제공하기 위해서는 청소년수련활동에 대한 전문지식과 지도기법 및 자질을 갖춘 청소년지도자의 양성이 필요하다. 청소년지도자의 체계적이고 전문적인 양성을 위해 청소년기본법에서는 청소년지도사 양성 및 배치에 관한 내용을 규정하여 1993년부터 국가공인 청소년지도사를 양성해오고 있다. 청소년지도사는 1, 2, 3급으로 구분되며, 청소년관련 분야의 경력·기타 자격을 갖춘 자로서 자격 검정에 합격하고 소정의 연수를 마친 자에게 국가자격을 부여한다. 청소년지도사는 청소년활동(프로그램, 사업)을 전담하여 청소년의 수련활동, 지역·국가 간 교류활동, 동아리활동, 봉사활동, 예술활동 등을 지도한다.

18 청소년지도사의 업무(직무)는?

(암기법) 청소년지도사의 업무는 전신사자예정)

모범답변 청소년지도사의 기본적인 업무는 사회봉사, 자연체험, 전통문화체험, 신체단련, 예절봉사, 정서함양 등의 업무를 수행합니다. 청소년지도사의 직무에는 청소년지도사업의 이념실현, 청소년과의 관계형성, 청소년의 참여촉진, 청소년지도활동 수행, 청소년지도활동을 위한 물적 자원 및 인적 자원의 관리 등이 있습니다.

19 청소년지도사가 갖춰야 할 전문적 지식은?

모범답변 청소년지도사가 갖춰야 할 전문적 지식은 지도내용에 대한 전문지식, 인간관계기술, 의사소통 및 의사결정기술, 조정 및 통합기술 등이 요구됩니다. 그 중에 제가 중요하게 생각하는 것은 지도내용에 대한 전문지식과 인간관계기술입니다. 그 이유는 전문지식으로 청소년과 청소년문화와 환경을 이해하고 소통을 통한 긍정적인 친화관계를 형성하는 것이 우선시되어야 한다고 보기 때문입니다.

20 청소년지도사의 전문 기술 중 실무적 기술이 있는데 이는 무엇을 의미하는가?

모범답변 실무적 기술은 수련활동 지도기술, 프로그램개발 및 운영기술, 프로그램운영관리기술, 사업 및 행사기획기술, 홍보마케팅의 기술 등이 있습니다.

21 청소년지도사의 덕목은?

모범답변 제가 생각하는 청소년지도사의 덕목은 청소년과의 공감대로, 라포를 형성하면서 인간관계능력, 의사소통 및 의사결정능력, 상호작용의 능력을 발휘하여 많은 청소년들을 지도할 때 그들의 의견을 조정하고 통합할 수 있는 능력 등이라고 생각합니다.

22 청소년지도사의 자질은?

모범답변 청소년지도사의 자질은 여러 가지가 있는데, 이타적인 영성(spirituality), 인격적 자질, 전문적 자질, 감동을 줄 수 있는 능력 등입니다. 이 중에서 영성(spirituality)은 특정 종교적 가치가 아니라, 이타성, 고결한 마음, 생명과 인간에 대한 사랑 등을 내용으로 하는 고귀한 정신세계를 의미합니다.

23 학교교사와 청소년지도사의 차이점에 대하여 설명하라.

모범답변 학교교사와 청소년지도사는 청소년을 위해서 활동하는 사람입니다. 학교교사는 학교라는 공간에서 교과서 위주의 지식교육으로 지성계발에 역점을 둔다면, 청소년지도사는 학교라는 공간을 벗어나 공부가 아닌 자발적인 청소년 활동을 이끌어주면서 덕성함양에 역점을 둡니다.

24 일반지도자와 청소년지도사의 차이점에 대하여 설명하라.

모범답변 일반지도자는 청소년지도활동에 직접적 또는 간접적으로 종사하거나 참여하는 유자격 또는 무자격 지도자인 반면, 청소년지도사는 자격검정시험에 합격하고 청소년지도사 연수과정을 마친 자로서 청소년수련시설, 청소년단체 등에서 청소년의 활동, 청소년 복지, 청소년 보호에 관련된 업무를 담당합니다.

25 학교교사와 달리, 청소년지도사가 청소년을 대하는데 있어 필요한 자세에 대하여 설명하라.

모범답변 청소년들에게 편견을 갖지 않은 자세로, 권위적인 지도자가 아닌 청소년의 눈높이에서 따뜻한 마음으로 격려해주고 그들의 변화를 이끌어내는 자세가 중요합니다. 더 나아가 청소년의 자발적인 활동을 이끌어주고 활동에 흥미를 가질 수 있도록 전문적이며 인간적인 자질을 발휘하여야 합니다.

26 청소년지도사와 사회복지사의 차이점에 대하여 설명하라.

모범답변 청소년지도사는 청소년 관련 학문을 전공하여 모든 청소년을 위해 활동하는 사람으로서 청소년수련시설, 청소년단체 등에서 근무합니다. 반면, 사회복지사는 사회복지에 관련된 전문적 지식을 함양하여 주로 사회복지가 필요한 취약계층을 위한 활동을 하며 사회복지법인 및 사회복지시설 등에 근무를 합니다.

27. 청소년들과의 세대 차이를 극복하기 위한 방안에 대하여 설명하라.

유사질문 청소년들과의 거리를 좁히기 위한 청소년지도사들의 마음가짐은?

모범답변 우선 청소년들과 많은 대화를 하거나, 대중매체를 활용해서 청소년의 문화를 이해하는 것이 중요합니다. 청소년들이 즐겨입는 옷은 무엇이며 어떠한 말이나 생각을 하는지를 탐색하는 태도가 필요합니다. 그리고 함께 서로의 관심사에 대한 이야기로 소통하는 자세로 세대 차이를 극복해 나갈 수 있으리라고 생각합니다.

28. 최근 청소년의 관심을 알아보려면 어떻게 하는 것이 좋은가?

모범답변 우선 청소년들의 인식과 문화를 접할 수 있는 청소년 TV 프로그램, 청소년 관련 정보를 제공하는 인터넷 사이트, 청소년 문화를 알 수 있는 문화행사 등에 관심을 기울이는 노력이 필요할 것입니다.

29. 청소년지도사의 역할과 그 중에서 개인적으로 중요하다고 보는 것은?

모범답변 청소년지도사에게는 프로그램 개발자 및 운영자, 동기유발자, 변화촉진자, 격려자 등의 역할이 있습니다. 저는 이 중에서 변화촉진자로서의 역할이 필요하다고 봅니다. 청소년의 불안과 갈등을 이해하고 받아들이며 청소년의 잠재역량의 극대화를 위한 노력을 하면서 청소년의 당면한 문제해결과 의사결정을 도와 사회적응을 촉진하는 역할이 변화촉진자로서의 역할입니다.

실력 다지기 _ 청소년지도사의 역할

1) **전문가(Specialist)의 역할**
   청소년지도활동에 대한 전문지식과 기술을 습득한 전문가로서, 특히 전문 영역인 봉사, 야외 레크리에이션, 문화예술, 스포츠, 인성계발, 상담지도 등에 이르기까지 다양한 분야의 전문성을 보유해야 한다.

2) **설계자(Planner)의 역할**
   청소년들의 특성과 요구를 분석한 자료를 기초로 지도목표를 설정하고 프로그램을 개발하여 이를 체계적으로 진행할 계획을 세워 시행을 준비할 수 있어야 한다.

3) **격려자(Encourager)의 역할**
   청소년의 개인적인 성장을 지원하고 청소년의 문제해결과 의사결정 과정에 조력하며, 합리적인 사회적응 과정을 촉진하고 격려할 수 있어야 한다.

4) **지역사회 지도자(Orientator)의 역할**
   청소년문제행동 및 심리적 부적응 등의 원인을 사회구조적 문제와 관련하여 탐색하려는 경향이 강해지고 있기 때문에 청소년지도사는 사회의 여러 가지 문제에 비판적 안목을 지니고, 지역사회를 선도하고 교육하는 데 앞장서야 한다.

5) **분석자 및 예술가(Analyst & Artist)의 역할**
   청소년지도사는 객관적으로 분석하는 안목과 합리적인 대응방법, 순발성, 조화성 등의 예술가적 특성을 보유해야 한다.

30. 청소년에 대해서 사회의 부정적인 시각이 있을 수 있는데, 이를 극복하는 방법에 대하여 설명하라.

모범답변 청소년들은 자아정체성의 확립을 위해 자기노력의 과정에 있는 사람입니다. 따라서 성인들과는 다른 인식을 가질 수 있음을 인정해주어야 합니다. 나름대로의 흥미와 호기심을 충족하려는 청소년들을 인정하면서 그들이 올바르게 사회구성원으로 성장할 수 있도록 도와야 합니다.

31. 청소년지도자의 리더십에 대하여 설명하라.

모범답변 리더로서의 청소년지도자는 자신과 관계를 맺고 있는 청소년들에게 영향력을 행사하여 목표를 달성하도록 하고 그들의 성장을 촉진합니다. 즉, 청소년지도자는 청소년과 상호작용하는 가운데 청소년의 마음을 움직이고 동기화하는 영향력을 행사하는 과정을 청소년지도자의 리더십이라고 합니다.

32. 청소년지도자의 리더십 기술에 대하여 설명하라.

모범답변 청소년지도자의 리더십 기술은 지도에 필요한 지식, 기술 등의 전문적 기술과 서로 상호작용할 수 있는 기술인 인간관계기술, 청소년단체 및 조직을 하나의 총체로 보는 능력인 개념적 기술, 마지막으로 의사소통 및 의사결정기술 등이 있습니다.

33. 청소년지도자의 역량에 대하여 설명하라.

모범답변 청소년지도자의 역량에는 자격연수, 현직연수, 자발적인 학습 등과 관련된 전문적 역량과 윤리적 책임감, 청소년을 바라보는 올바른 가치관과 관련된 윤리적 역량이 있습니다. 그 외에도 프로그램 개발자로서, 프로그램 기획, 요구분석, 프로그램설계, 프로그램 운영 및 평가의 역량, 협력자로서의 역량이 요구됩니다.

34 청소년 기관에 방문한 적이 있는가? 그리고 있었다면 기관의 문제점이 무엇이 있었는지 설명하라.

- 개별적으로 작성하기

암기법 종사자의 비전문성, 종사자의 인력 부족, 서비스의 질적 저하, 청소년의 흥미를 유발하는 프로그램의 부족 등

35 청소년 유해환경 감시 및 정화 활동에 대하여 설명하라.

모범답변

1 청소년 통행금지구역인 레드존 – 청소년 유해환경 밀집지역

전국 시도에 청소년 통행금지구역과 청소년 통행제한구역을 운영 중입니다. 통행금지구역은 윤락행위가 행해지거나 행해질 우려지역(24시간 통행금지)이며, 통행제한구역은 청소년 유해업소가 밀집한 지역 등 청소년 유해매체물·약물 등 판매·대여 등 제공행위가 빈번히 행해지거나 행해질 우려지역(일정시간 통행제한)입니다.

→ 수험생은 해당 지역의 레드존을 숙지하고 설명하는 것이 좋음

2 학교환경 위생정화구역

학교환경 위생정화구역은 학교보건법 제5조, 시행령 3조에 근거하여 학교 경계선으로부터 200미터까지입니다. 그리고 학교출입문으로부터 직선거리로 50미터까지를 절대정화구역이라고 하고, 절대정화구역을 제외한 지역을 상대정화 구역이라고 합니다.

3 청소년유해환경 감시단(YP)

청소년유해환경 감시단은 청소년보호법 위반사항을 시민들로부터 제보를 받거나 자체 감시활동을 통해 업주가 자발적으로 개선할 수 있도록 유도하며, TV, 라디오, 비디오물 등 영상매체의 건전화를 유도하기 위해 청소년 유해 매체물 모니터반을 구성하여 운영하고 있습니다.

실력다지기 어린이 보호구역 – 스쿨 존

> 어린이보호구역은 초등학교 및 유치원 정문에서 반경 300m 이내의 주 통학로를 보호구역으로 지정하여 교통안전시설물 및 도로부속물 설치로 학생들의 안전한 통학공간을 확보하여 교통사고를 예방하기 위한 제도이며 운행 속도를 30km이내로 제한한다.

36. '질풍노도의 시기' 정의는?

모범답변 '질풍노도'는 '매서운 바람과 소용돌이치는 물결'이란 뜻입니다. 생물학적 관점을 중시한 스텐리 홀이 청소년기를 질풍노도의 시기로 묘사하였으며 이는 청소년기가 시행착오와 혼돈을 경험하는 시기라는 것을 의미합니다.

37. 청소년문제가 다양하게 존재하는데, 이에 대한 청소년지도사로서 대응책에 대하여 설명하라.

모범답변 청소년문제가 다양하다면, 이에 대한 청소년의 문제와 욕구를 우선적으로 잘 파악하여야 합니다. 그리고 그에 맞는 서비스를 맞춤형으로 제공하는 것이 중요하며 이를 위해서는 지역사회의 많은 자원을 활용하면서 청소년의 자발적인 참여가 이루어질 수 있도록 청소년지도자의 세심한 활동이 요구될 것입니다.

38. 청소년지도사의 지역사회에서의 역할에 대하여 설명하라.

모범답변 청소년의 문제행동이나 심리적 부적응이 지역사회의 문제로 인식됨에 따라 청소년활동지도자는 문제해결을 위한 지역사회 인식개선을 위해 노력해야 합니다. 지역사회의 청소년지도업무 선도와 청소년 성장과 발달을 조력하기 위한 지역사회의 인적·물적자원의 동원 및 조직의 역할이 중요합니다.

39. 급격한 사회변화에 따른 청소년지도자의 지도방향에 대하여 설명하라.

모범답변 청소년지도자는 급변하는 사회에 관심을 기울이며 일정한 틀에 맞춘 청소년지도프로그램보다는 청소년들을 중심으로 하여 청소년 요구에 따른 프로그램을 운영하는 이용자 중심의 청소년지도가 필요합니다. 그리고 청소년지도자는 청소년들이 건강한 성인으로의 성장 역량을 키우는데 노력하여야 합니다.

40. 청소년의 육성제도론에 대하여 설명하라.

모범답변 청소년육성의 근원은 헌법입니다. 그리고 청소년육성의 총론적 기초는 청소년 기본법이며 육성영역은 청소년활동, 청소년복지, 청소년보호에 관한 영역입니다. 청소년 육성제도론은 우리나라의 청소년육성정책과 관련법규 및 행정체계를 비판적으로 고찰함으로써, 청소년육성제도 전반에 대한 이해의 폭을 넓히고, 청소년육성제도의 발전방향을 모색할 수 있는 능력을 갖추는 영역입니다.

41. 청소년 육성과 관련된 법체계에 대하여 설명하라.

모범답변 기본적으로 헌법에 근원을 두고 있고 청소년 기본법은 청소년육성의 총론적 토대가 됩니다. 구체적으로 살펴보면, 청소년활동은 청소년활동 진흥법, 청소년복지는 청소년복지 지원법과 아동복지법, 그리고 청소년보호는 청소년 보호법, 아동·청소년의 성보호에 관한 법률 등이 있습니다.

42. 청소년육성정책에 대해 잘 되고 있는 것과 잘 되고 있지 않은 것에 대하여 설명하라.

모범답변 청소년육성정책은 제7차 청소년정책기본계획의 내용을 바탕으로 잘 이루어지고 있다고 생각합니다. 청소년참여위원회나 청소년특별회의 등의 제도도 청소년육성과 관련하여 잘 되어있다고 생각합니다. 다만, 청소년 기본법상 청소년육성전담공무원의 경우는 지방조례에 따라 현실화가 되지 않고 있다는 것이 아쉽습니다.

43. 청소년 관련기관은 무엇이 있으며 그 기관의 역할에 대하여 설명하라.

모범답변 청소년 관련기관은 한국청소년단체협의회, 한국청소년상담복지개발원, 한국청소년정책연구원 등이 있습니다. 이 중에서도 한국청소년상담복지개발원은 전국 청소년상담·복지 관련기관을 총괄하는 중추기관입니다. 청소년상담·복지정책 연구 및 프로그램 개발·보급, 상담·복지 전문인력 양성을 위한 교육연수, 위기청소년을 위한 통합지원체계 운영·지원, 취약계층 청소년을 위한 자립 및 복지 사업 등 국가차원의 청소년 정책 업무를 수행하고 있습니다. 또한 한국청소년상담복지개발원은 "상담복지서비스 제공을 통한 청소년의 건강한 성장과 행복한 꿈의 실현"이라는 미션 아래 청소년들이 오늘의 문제를 슬기롭게 극복하고 보다 행복한 세상을 만들 수 있도록 노력하고 있습니다.

44 청소년단체가 하는 일에 대하여 설명하라.

모범답변 학교교육과 상호 보완할 수 있는 청소년활동을 통한 청소년의 역량과 품성 함양, 청소년복지 증진을 통한 청소년 삶의 질 향상, 유해환경으로부터 청소년을 보호하기 위한 청소년보호 업무 등을 수행하고 있습니다.

45 청소년상담복지센터에 대하여 설명하라.

모범답변 청소년복지 지원법상 규정된 청소년상담복지센터는 시·도지사 및 시장·군수·구청장이 청소년에 대한 상담·긴급구조·자활·의료지원 등의 업무를 수행하기 위하여 설치·운영할 수 있는 것입니다. 시·도 청소년상담복지센터는 광역자치단체의 청소년관련 기관, 시·군·구 청소년관련 기관과 연계하여 청소년상담 1388, 청소년 안전망, 청소년동반자 운영, 아웃리치 등을 수행하고 있습니다.

46 한국청소년활동진흥원의 역할에 대하여 설명하라.

모범답변 청소년활동진흥법상 한국청소년활동진흥원은 2010년 한국청소년수련원과 한국청소년 진흥센터를 통합하여 새롭게 설립된 정부산하기관으로 총괄, 지원하고 있다.
한국청소년활동진흥원은 ①청소년활동, 청소년복지, 청소년보호에 관한 종합적인 안내 및 서비스 제공과 ②청소년수련활동인증제도의 운영, ③청소년자원봉사활동의 활성화, ④청소년활동프로그램 개발과 보급, ⑤청소년지도자의 연수 등의 업무를 수행하고 있습니다.

47 청소년보호법상 청소년 보호시설에 대하여 설명하라.

모범답변 청소년보호법 제35조에 따르면 청소년 보호·재활센터의 설치·운영의 규정을 두고 있습니다. 즉, 여성가족부장관은 청소년유해환경으로부터 청소년을 보호하고 피해 청소년의 치료와 재활을 지원하기 위하여 청소년 보호·재활센터를 설치·운영할 수 있습니다.

48. 청소년쉼터를 간단히 설명하고 청소년지도사가 된다면 어떻게 지도할지 설명하라.

모범답변 가정 밖 청소년이 머물 수 있는 시설인 청소년쉼터는 가정 밖 청소년을 안전하게 보호하고 가정 및 학교에 복귀하도록 '가정 밖 청소년 일시보호' 사업을 우선적으로 실시하고 있습니다. 제가 청소년지도사가 된다면 가정 밖 청소년들의 자아성장을 위한 전문상담 활동, 지도활동, 교육활동 등을 전개하는 한편, 거리상담 및 가출예방 캠페인 등을 통해 청소년 가출 예방활동에도 역점을 두고 싶습니다.

49. 우리나라의 국립청소년수련원의 소재지는?

모범답변
1. 국립 중앙청소년수련원(천안) - https://nyc.kywa.or.kr
2. 국립 평창청소년수련원(평창) - https://pnyc.kywa.or.kr
3. 국립 청소년우주센터(고흥) - https://nysc.kywa.or.kr
4. 국립 청소년바이오생명센터(김제) - https://nybc.kywa.or.kr
5. 국립 청소년해양센터(영덕) - https://nyoc.kywa.or.kr
6. 국립청소년미래환경센터(봉화군) - https://nyfc.kywa.or.kr
7. 국립 청소년생태센터(을숙도) - https://nyec.kywa.or.kr

50. '국제청소년성취포상제(The Duke of Edinburgh's Award)'에 대하여 설명하라.

모범답변 국제청소년성취포상제(만14세 이상 만 24세 이하 청소년)는 1956년 영국 에딘버러 공작에 의해 설립되었으며 청소년이 다양한 활동영역에서 자기주도적으로 활동하여 스스로의 잠재력을 최대한 개발하고 삶의 기술을 갖도록 하는 전 세계 130여개국에서 운영되는 국제적으로 공인된 자기 성장 프로그램입니다. 국제청소년성취포상제는 포상 단계별(금장, 은장, 동장) 공통 4가지 포상활동 (봉사활동, 자기개발활동, 신체단련활동, 탐험활동)을 정해진 일정기간 이상 활동하면서 각 활동 영역별 성취목표를 달성하면 국제적인 포상을 받을 수 있습니다.

51 국제청소년성취포상제에 참여할 수 있는 조건과 활동에 대하여 설명하라.

모범답변 국제청소년성취포상제에 참여할 수 있는 청소년의 연령은 만 14세~24세까지로, 만 25세 생일 전까지 포상활동을 마칠 수 있는 청소년이면 누구나 참여할 수 있습니다. 포상활동은 봉사, 자기개발, 신체단련, 탐험 4가지 활동이며 주어진 최소 활동 기간을 충족해야 합니다. 금장 활동일 경우 4가지 활동에 더불어 추가로 합숙활동을 해야 하며 포상단계는 동장(3개월); 은장(6개월~12개월), 금장(12개월~18개월)으로 4가지 활동영역 모두 포상활동별 최소 활동 기간을 충족하고 성취목표를 달성해야 포상을 받을 수 있습니다.

실력 다지기 — 국제청소년성취포상제와 청소년자기도전포상제

국제청소년성취포상제(The Duke Of Edinburgh's International Award)

1) **활동철학**
   개별성(Individual), 비경쟁성(Non-Competitive), 성취 지향성(Achievable), 자발성(Voluntary), 발전성(Development), 균형성(Balanced), 단계성(Progressive), 영감을 주는(Inspirational), 지속성(Persistence), 재미(Enjoyable)

2) **포상활동 영역**
   - 신체단련활동 : 몸과 마음을 건강하게 하는 활동
   - 봉사활동 : 타인과 지역사회에 도움을 줄 수 있는 활동
   - 자기개발활동 : 개인의 관심 분야를 배우고 익히는 활동
   - 탐험활동 : 자연에서 도전정신과 팀웍 그리고 환경의 소중함을 깨닫는 활동
   - 합숙활동 : 새로운 사람들과 가치 있는 목적을 공동으로 이루는 활동
   ※ 합숙활동은 금장 단계에서 추가로 활동해야 함

3) **포상 단계별 포상활동 영역 최소 활동 기간**

구분	봉사활동	신체단련	자기개발	탐험활동	합숙활동
금장 (만16세 이상)	최소 12개월 48회(시간) 이상			3박4일	4박5일
	은장을 보유하지 않은 경우, 3가지 영역(봉사, 자기개발, 신체단련) 중 1가지 영역을 선택해 추가로 6개월 활동			예비탐험 1박2일 1일 최소 야외활동 8시간	금장 단계에 한함
은장 (만15세 이상)	최소 6개월 24회(시간) 이상			2박3일	-
	동장을 보유하지 않은 경우, 3가지 영역(봉사, 자기개발, 신체단련) 중 1가지 영역을 선택해 추가로 6개월 활동			예비탐험 1박2일 1일 최소 야외활동 7시간	
동장 (만14세 이상)	최소 3개월 12회(시간) 이상			1박2일	-
	참가자는 3가지 영역(봉사, 자기개발, 신체단련) 중 1가지 영역을 선택해 3개월 추가 활동 수행			예비탐험 1박2일 1일 최소 야외활동 6시간	
※ 활동 1회당 주1회 간격, 매회 1시간 이상 활동						

청소년자기도전포상제(Korea Achievement Award)

청소년자기도전포상제는 만 7세 이상 만 15세 이하 이거나 초등학교 1학년 이상 중학교 3학년 이하의 청소년이 운영기관에 등록하여 포상단계에 따른 활동을 수행하고 자신이 설정한 목표를 성취하였을 경우 포상하는 제도를 말합니다. 청소년자기도전포상제는 청소년들이 포상 단계별(동장, 은장, 금장) 공통으로 5가지 활동영역에서 스스로 정한 목표를 성취해가면서, 숨겨진 끼를 발견하고 꿈을 찾아가는 자기성장프로그램으로 한국청소년활동진흥원 이사장명의 인증서를 받을 수 있습니다.

1) 활동철학

다양한 활동(Various Activities), 스스로 하는 활동(Self - Activity), 재능의 발견 및 개발의 기회(Finding and Developing Talents), 단계적 활동(Step by Step Activity), 경쟁이 없는 활동(Non - Competitive Activity), 성취지향적 활동(Achievement - Focused Activity), 좋은 친구가 되기 위한 활동(Activity to be a Good friend), 즐길 수 있는 활동(Enjoyable Activity)

2) 참가대상

만 7세 이상 만 15세 이하 이거나 초등학교 1학년 이상 중학교 3학년 이하의 청소년

3) 포상단계 및 참가연령

동장	은장	금장
만 7세~만 15세 (최소 4개월 이상)	만 7세~만 15세 (최소 4개월 ~ 8개월 이상)	만 10세 이상 (최소 6개월 ~ 12개월 이상)

※ 은장 포상 후 참여 연령에 도달하지 않더라도 다음 단계의 포상제 활동에 참여 가능, 단, 참여 연령까지 활동을 마쳐야 함

4) 포상활동 기간
- 이전 단계 포상 청소년의 경우(동장 → 은장 → 금장) : 동장(4개월 이상), 은장(4개월 이상), 금장(6개월 이상)
- 신규 참여 청소년의 경우 : 동장(4개월 이상), 은장(8개월 이상), 금장(12개월 이상)

5) 포상활동 영역

봉사활동, 자기개발활동, 신체단련활동, 탐험활동, 진로개발활동

6) 포상 단계별 포상활동 영역 최소 활동 기간

포상 단계	활동 구분	활동영역				
		봉사활동	자기개발활동	신체단련활동	탐험활동	진로개발활동
동장	도전 활동	8주(회)			1일/5시간	10회
	성취 활동	참여청소년은 봉사·자기개발·신체단련활동 중 한 가지 영역을 선택하여 추가로 8주(8회)이상 수행				
은장	도전 활동	16주(회)			1박2일/10시간	14회
	성취 활동	동장 미보유 청소년: 봉사·자기개발·신체단련활동 중 한 가지 영역을 선택하여 추가로 16주(회)이상 수행				
금장	도전 활동	24주(회)			2박3일/15시간	8회
	성취 활동	은장 미보유 청소년: 자기개발·신체단련·봉사활동 중 한 가지 영역을 선택하여 추가로 24주(회)이상 수행				

※ 자기개발·신체단련·봉사활동·진로개발활동은 각 1주에 1회 40분 이상을 원칙으로 함
※ 단계별로 5가지 활동 영역 중 4가지 영역을 선택하여 모두 이수해야 함
※ 탐험활동은 사전 기본교육이 필수로 진행되어야 함
※ 진로개발활동은 단계별 과제 수행시마다 1회 활동으로 간주하며, 워크북 작성은 필수임

52. 청소년 육성기금의 재원과 그 용도에 대하여 설명하라.

모범답변   청소년 육성기금의 재원은 정부출연금, 국민체육진흥법과 경륜·경정법에 의한 출연금, 개인 또는 법인, 단체가 출연하는 금전 및 물품, 그 밖의 재산, 기금의 운용으로 생기는 수익금, 여성가족부장관이 인정하는 수익금, 다른 기금으로부터의 전입금 등이 있습니다. 그리고 청소년육성기금의 용도는 청소년활동지원, 청소년시설의 설치 및 운영을 위한 지원, 청소년지도자의 양성지원, 청소년단체 운영 및 활동지원, 청소년복지증진을 위한 지원, 청소년 보호를 위한 지원, 청소년정책의 수행 과정에 관한 과학적 연구의 지원, 기금조성사업을 위한 지원 등에 활용됩니다.

53. 청소년육성기금의 모금 및 조성에 대하여 본인의 생각을 말해보라.

모범답변   청소년육성기금 모금 및 조성에 있어서 정부의 아낌없는 지원과 함께, 많은 자발적 기부금이 마련되었으면 합니다. 정부의 전향적인 지원도 필요하지만, 한국의 미래인 청소년들이 올바르게 성장하고 창의성을 잘 발휘할 수 있도록 질 높은 프로그램의 개발 등은 미래를 위한 투자라고 생각합니다. 자발적인 기부금의 형태로 모아진 청소년육성기금은 의미가 있다고 생각합니다.

54. 청소년관계법령에서 규정하고 있는 청소년의 나이에 대하여 설명하라.

모범답변

1 청소년 기본법, 청소년복지 지원법, 학교 밖 청소년 지원에 관한 법률 : 9~24세

> **참고**
> 청소년증 발급은 9세 이상 18세 이하의 청소년에게 시장, 군수, 구청장이 발급해주며 청소년증은 모든 청소년들에게 교통수단, 문화시설 등에서 할인혜택을 받을 수 있고, 신분확인 용도로 사용할 수 있다.

2 청소년 보호법 : 만 19세 미만

3 아동복지법 : 18세 미만

4 근로복지법 : 15세 미만 - 근로사용 금지 / 18세 미만 - 유해 및 위험사업 근로사용 금지

5 소년법 : 19세 미만

6 영화 및 비디오물의 진흥에 관한 법률(2006년 개정) : 18세 미만

55 청소년육성과 청소년활동에 대하여 비교하여 설명하라.

모범답변 청소년육성은 청소년활동을 지원하고 청소년의 복지를 증진하며 사회여건과 환경을 청소년에게 유익하도록 개선하는 것입니다. 그리고 청소년을 보호하여 청소년에 대한 교육을 보완함으로써 청소년의 균형 있는 성장을 돕는 것입니다. 반면, 청소년활동은 청소년의 균형 있는 성장을 위하여 필요한 활동과 이러한 활동을 소재로 하는 수련활동, 교류활동, 문화활동 등 다양한 형태의 활동을 말합니다.

> **참고** 교육과 육성의 차이
> 교육은 바람직한 인성, 즉 인간의 건전한 심신의 발달을 위한 모든 활동이다. 반면, 육성은 사람의 타고난 요소들을 보살펴 도덕적 능력을 함양하는 것을 말한다.

56 '청소년 푸른성장 대상'에 대하여 설명하라.

모범답변 여성가족부는 사회 각 분야에서 청소년의 건강한 성장을 위해 헌신적으로 일해 온 개인 혹은 단체를 발굴하여 시상·격려함으로써 그 공적을 널리 알리고 청소년에 대한 범국민적 관심을 제고하기 위해 매년 "청소년 푸른성장 대상"을 시상하고 있습니다.

57 '청소년수련활동 인증제도'에 대하여 설명하라.

모범답변 청소년수련활동 인증제도는 「청소년활동 진흥법」에 따라 2006년부터 시행된 제도로서 청소년수련활동이 청소년의 균형 있는 성장에 기여할 수 있도록 국가 및 지방자치단체 또는 개인·법인·단체 등이 실시하고자 하는 청소년수련활동을 인증하고, 인증된 수련활동에 참여한 청소년의 활동 기록을 유지·관리·제공하는 청소년수련활동 프로그램에 대한 국가인증제도입니다.

> **실력 다지기** 청소년수련활동 인증제도의 문제점
> 1) 취업과 입시 목적에 의한 수련활동 강조
> 2) 재정 등 여건이 되지 않는 수련시설의 도태
> 3) 다른 청소년 프로그램의 위축 초래

58 '청소년수련활동 신고제도(사전신고제도)'에 대하여 설명하라.

모범답변 청소년수련활동 신고제도는 「청소년활동진흥법」에 따라 수련활동 계획을 신고하도록 하고, 신고 수리된 정보를 공개하여 국민이 정보를 잘 활용할 수 있도록 하는 제도로 이동숙박형, 고정숙박형 등 숙박하는 수련활동이나 비숙박형 중 청소년 참가인원이 150명 이상인 수련활동 위험도가 높은 청소년수련활동에 참가자 모집 14일전 특별자치도·시·군·구에 신고하도록 하고 있습니다.

59 학교폭력 피해학생 및 가해학생에 대한 지원

모범답변 피해학생 및 가해학생 지원체계도를 참고하길 바란다.

| 피해학생 지원 체계도 |

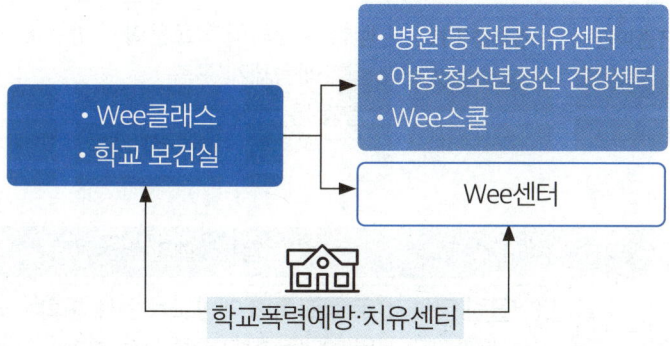

| 가해학생 지원 체계도 |

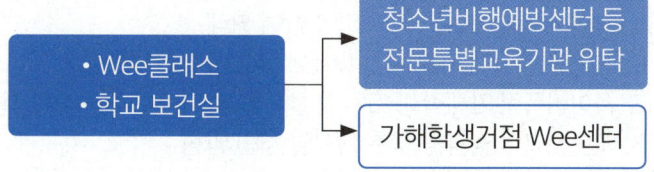

59. '청소년 성문화센터'에 대하여 설명하라.

모범답변 여성가족부 및 지방자치단체는 「아동·청소년의 성보호에 관한 법률」에 따라 아동·청소년의 성가치관 조성과 성범죄 예방을 위하여 아동·청소년 대상 성교육 전문기관으로서 청소년 성문화센터를 설치·운영합니다. 전국 16개 시·도에 2007년부터 설치·운영되고 있는 청소년 성문화센터는 청소년 스스로 자기 주도적, 실천적 체험학습을 통해 올바른 성지식을 습득하게 하도록 하여 건강한 성정체성을 지닌 개인으로 성장하도록 지원합니다.

61. 5차 학교폭력 예방 및 대책 기본계획('25~'29) 요약

비전	교육공동체가 함께 만드는 안전한 학교
추진방향	• 교육공동체의 역량을 증진하여 신뢰의 학교문화 구출 • 공정하고 교육적인 학교폭력 대응체계 구축 • 학교폭력 피·가해학생 맞춤형 통합지원

↑

정책영역	추진과제
교육 3주체의 학교폭력 예방역량 강화	1. '어울림'(어울림 더하기)'로 학교폭력 예방교육 연계·통합 2. 교원의 학생생활지도 지원 확대로 학교폭력 사전 예방 3. 학부모 연수·소통 확대를 통한 가정의 교육적 역할 강화 4. 교육공동체가 참여하는 학교문화 책임규약 확산
학생이 안전한 디지털 환경 조성	5. 사이버폭력 예방을 위한 기업 참여 확대 6. 대국민 인식 개선을 위한 Digital SAFE 캠페인 추진 7. 사이버폭력 가해학생 조치 차별화 및 사이버폭력물 삭제 지원 8. 자율성과 책임감을 갖춘 디지털 시민 양성
학교의 교육적 기능 확대 및 사안처리 전문성 제고	9. 학교폭력 사안의 교육적 해결 지원 강화 10. 학교폭력 대응체계 개선·강화 11. 심의 객관성 확보 등 학교폭력대책심의위원회 운영 개선
위기 및 피·가해학생 맞춤형 통합지원 강화	12. 학생맞춤통합지원 체계로 위기학생 조기발견-지원 및 피해학생 보호 강화 13. 가해학생 조치 실효성 제고 및 재발방지 지원

↑

지역맞춤형 학교 폭력 예방 및 대응 기반 구축	
14. 데이터 기반 지역맞춤형 학교폭력 예방 및 대책 수립	15. 안전한 학교 환경 관리 및 사회적 공감대 형성

62 청소년 기본법상 기본이념을 구현하기 위한 추진 방향에 대하여 설명하라.

모범답변 추진 방향의 4가지는 청소년의 참여 보장, 창의성과 자율성을 바탕으로 한 청소년의 능동적 삶의 실현, 청소년의 성장 여건과 사회 환경의 개선, 민주·복지·통일조국에 대비하는 청소년의 자질 향상입니다.

63 현재 실시하고 있는 청소년관련 주요정책을 3가지로 설명하라.

모범답변 청소년활동 영역에서는 청소년수련활동인증제, 국제청소년성취포상제, 청소년방과후 아카데미 운영 등이 있으며, 청소년 사회안전망 강화의 영역에서는 지역사회청소년통합체계, 헬프콜 청소년전화 1388 등이 있고 청소년 유해환경 개선 및 보호강화의 영역으로는 인터넷 중독 예방치료, 성범죄자의 신상공개 등이 있습니다.

64 청소년과 관련된 근로기준법에 대하여 설명하라.

모범답변 근로기준법의 목적은 헌법에 따라 근로조건의 기준을 정함으로써 근로자의 기본적 생활을 보장, 향상시키며 균형 있는 국민경제의 발전을 꾀하는 것을 목적으로 합니다. 따라서 청소년의 근로보호와 최저 근로연령을 정하여, 청소년인 연소자의 근로에 대하여 특별히 규정하고 있습니다. 예를 들어, 최저 근로연령과 취직인허증의 경우 15세 미만인자는 근로자로 사용하지 못하나 고용노동부장관이 발급하는 취직인허증을 지닌 자(13세 이상 15세 미만)는 근로자로 사용할 수 있다고 규정하고 있습니다.

65 청소년의 근로시간에 대한 근로기준법의 규정에 대하여 설명하라.

모범답변 15세 이상 18세 미만인 자의 근로시간은 1일에 7시간, 1주에 35시간을 초과하지 못합니다. 다만, 당사자 사이의 합의에 따라 1일에 1시간, 1주에 5시간을 한도로 연장할 수 있습니다.

'청소년 헌장' 전문 내용에 대하여 간략히 설명하라.

모범답변 청소년은 자기 삶의 주인이며, 한 인간으로서의 인권과 한 시민으로서의 시민권을 갖고 있고, 자신의 생명을 존중해야 할 책임과 공동체 성원으로서의 책임감을 갖고 있으며 삶의 주체로서 자율과 참여의 기회를 누린다고 되어 있습니다.

실력 다지기 | 청소년 헌장(1998년)

전문
청소년은 자기 삶의 주인이다. 청소년은 인격체로서 존중받을 권리와 시민으로서 미래를 열어 갈 권리를 가진다. 청소년은 스스로 생각하고 선택하며 활동하는 삶의 주체로서 자율과 참여의 기회를 누린다. 청소년은 생명의 가치를 존중하며 정의로운 공동체의 성원으로 책임 있는 삶을 살아간다. 가정, 학교, 사회 그리고 국가는 위의 정신에 따라 청소년의 인간다운 삶을 보장하고 청소년 스스로 행복을 가꾸며 살아갈 수 있도록 여건과 환경을 조성한다.

청소년의 권리
1) 청소년은 생존에 필요한 기본적인 영양, 주거, 의료, 교육 등을 보장받아 정신적·신체적으로 균형 있게 성장할 권리를 가진다.
2) 청소년은 출신·성별·종교·학력·연령·지역 등의 차이와 신체적·정신적 장애 등을 이유로 차별 받지 않을 권리를 가진다.
3) 청소년은 물리적 폭력뿐만 아니라 공포와 억압을 포함하는 정신적인 폭력으로부터 보호받을 권리를 가진다.
4) 청소년은 사적인 삶의 영역을 침해받지 않을 권리를 가진다.
5) 청소년은 자신의 생각과 느낌을 자유롭게 펼칠 권리를 가진다.
6) 청소년은 자유로운 의사에 따라 건전한 모임을 만들고 올바른 신념에 따라 활동할 권리를 가진다.
7) 청소년은 배움을 통해 진리를 추구하고 자아를 실현해 갈 권리를 가진다.
8) 청소년은 일할 권리와 직업을 선택할 권리를 가진다.
9) 청소년은 여가를 누릴 권리를 가진다.
10) 청소년은 건전하고 다양한 문화·예술 활동에 자유롭게 참여할 권리를 가진다.
11) 청소년은 다양한 매체를 통하여 자신의 삶에 필요한 정보에 접근할 권리를 가진다.
12) 청소년은 자신의 삶과 관련된 정책결정 과정에 민주적 절차에 따라 참여할 권리를 가진다.

청소년의 책임
1) 청소년은 자신의 삶을 소중히 여기며 자신이 선택한 삶에 책임을 진다.
2) 청소년은 앞 세대가 물려준 지혜를 시대에 맞게 되살려 다음 세대에 물려줄 책임이 있다.
3) 청소년은 가정·학교·사회·국가·인류공동체의 성원으로서 자기와 다른 삶의 방식도 존중할 줄 알아야 한다.
4) 청소년은 삶의 터전인 자연을 소중히 여기고 모든 생명들과 더불어 살아간다.
5) 청소년은 통일 시대의 주역으로서 평화롭게 공존하는 방법을 익힌다.
6) 청소년은 남녀평등의 가치를 배우고, 이를 모든 생활에서 실천한다.
7) 청소년은 가정에서 책임을 다하며 조화롭고 평등한 가족문화를 만들어 간다.
8) 청소년은 서로에게 정신적·신체적 폭력을 행사하지 않는다.
9) 청소년은 장애인을 비롯한 소외 받기 쉬운 사람들과 더불어 살아간다.

67. 1990년 청소년헌장과 개정된 1998년의 청소년헌장의 차이점에 대하여 설명하라.

모범답변 1990년 청소년헌장은 청소년을 미성숙한 존재로서 인식하며 성인중심의 보호 및 지도를 강조한 추상적·선언적 내용이라면, 개정된 1998년의 청소년헌장은 청소년을 성숙한 사회인으로 인식하여 청소년 중심의 자율과 참여를 강조한 구체적인 실천적 내용을 담은 헌장입니다.

68. 청소년보호법상 청소년 시청 보호시간대에 대하여 설명하라.

모범답변 청소년유해매체물을 방송해서는 아니 되는 방송시간은 평일은 오전 7시부터 오전 9시까지와 오후 1시부터 오후 10시까지로 하고, 토요일과 공휴일 및 초등학교·중학교·고등학교의 방학기간에는 오전 7시부터 오후 10시까지입니다.

69. 청소년 인권의 개념과 청소년의 인권이 특별히 중요한 이유에 대하여 설명하라.

모범답변 청소년 인권은 청소년들이 갖는 인간으로서의 권리를 의미하는데, 즉 한 인간으로서 그리고 한 시민으로서 청소년이 마땅히 누려야 할 기본적 권리를 말합니다. 청소년의 인권이 중요한 이유는 청소년들이 아직 미숙하기 때문에 성인에 의해 보호되고 양육되어야 한다는 논리에 의해 청소년들의 권리가 무시될 수 있으며 그러한 이유로 청소년의 기본적인 인권이 사각지대에 놓이게 되는 경우가 있을 수 있기 때문입니다.

> **실력다지기 — 청소년의 인권과 관리주체기관**
> 1) 청소년 기본법 제5조에 따르면, 청소년의 기본적 인권은 청소년활동, 청소년복지, 청소년보호 등 청소년육성의 모든 영역에서 존중되어야 한다고 규정하고 있다.
> 2) 관리주체기관은 청소년복지지원법상 국가 및 지방자치단체로 규정하고 있다.
>   (1) 청소년에 대한 차별 금지 및 자율적 의사결정, 권리보장
>   (2) 청소년의 자치권 확대
>   (3) 청소년의 권리 홍보와 교육

70 학교 내 청소년 인권, 즉 '학생권'의 의미에 대하여 설명하라.

모범답변 학생권이란, 학생이 한 개인으로서 그리고 사회인으로서 누려야 할 기본적 인권 및 사회적 지위권을 말하며, 이는 학생이 학교라는 현장에서 누려야 하는 자유권과 복지권 및 사회적 지위권을 포함하는 개념입니다.

71 청소년에게 청소년활동이 필요한 이유에 대하여 설명하라.

모범답변 최근에는 교과 위주의 학습으로 청소년의 일상생활과 자연에서 직접적인 체험을 통해 얻을 수 있는 지식습득 기회가 적은 것이 사실입니다. 이러한 문제들을 보완하기 위한 청소년활동은 중요한 의미를 지니고 있습니다. 청소년활동은 자기 주도적 학습능력 신장으로 표현되며 체험활동을 기반으로 한 자기 주도적 학습을 통해 청소년은 스스로 새로운 문제를 인식하고 창조적으로 해결하면서 다른 사람과 더불어 살아갈 수 있는 능력을 기를 수 있다는 점이 청소년에게 청소년활동이 필요한 이유입니다.

72 청소년활동의 교육적 가치에 대하여 설명하라.

모범답변 청소년활동은 청소년의 발달특성에 따른 사회적 적응력을 증진하는 활동이며 청소년 개개인의 역량을 증진하는 활동입니다. 청소년활동의 교육적 가치는 학교현장에서의 폐쇄된 교육적 경험 기회를 야외 공간을 통해 확대하고, 청소년 스스로가 경험적 가치를 높임으로써 자발적으로 사회적 역량을 증진해 나가는 것입니다.

73 청소년활동의 효과에 대하여 설명하라.

모범답변 청소년활동을 함으로써, 청소년의 자아 존중감, 자기효율성, 자신의 조절능력 등을 향상시킬 수 있으며 청소년활동에 참여함으로써 학업성취도를 제고하는 능력이 확대됩니다. 또한, 야외활동을 통하여 청소년들의 성적·학문적 능력·육체적 능력 등이 다름을 인식하게 됩니다.

74. 청소년지도방법의 개념과 방법에 대하여 설명하라.

모범답변 청소년지도방법이란 청소년지도의 주된 목적이라 볼 수 있는 청소년들의 바람직한 자아성장과 전인성의 함양을 위해 준비된 교육내용인 청소년지도 프로그램을 구체적으로 실천하는 방식입니다. 방법적인 측면은 주로 학교 밖의 장에서 실행되며 청소년의 자기 주도적이고 능동적인 참여를 전제로 합니다.

75. 청소년지도방법의 4가지 영역에 대하여 설명하라.

모범답변 청소년지도방법의 4가지 영역에는 청소년의 이해 및 특성, 청소년지도의 성격 및 특성, 청소년지도의 이론 및 원리, 청소년지도의 기법 및 방법 등의 영역에 대한 이해가 선행되어야 합니다.

실력 다지기 <청소년지도방법론의 학문적 영역>

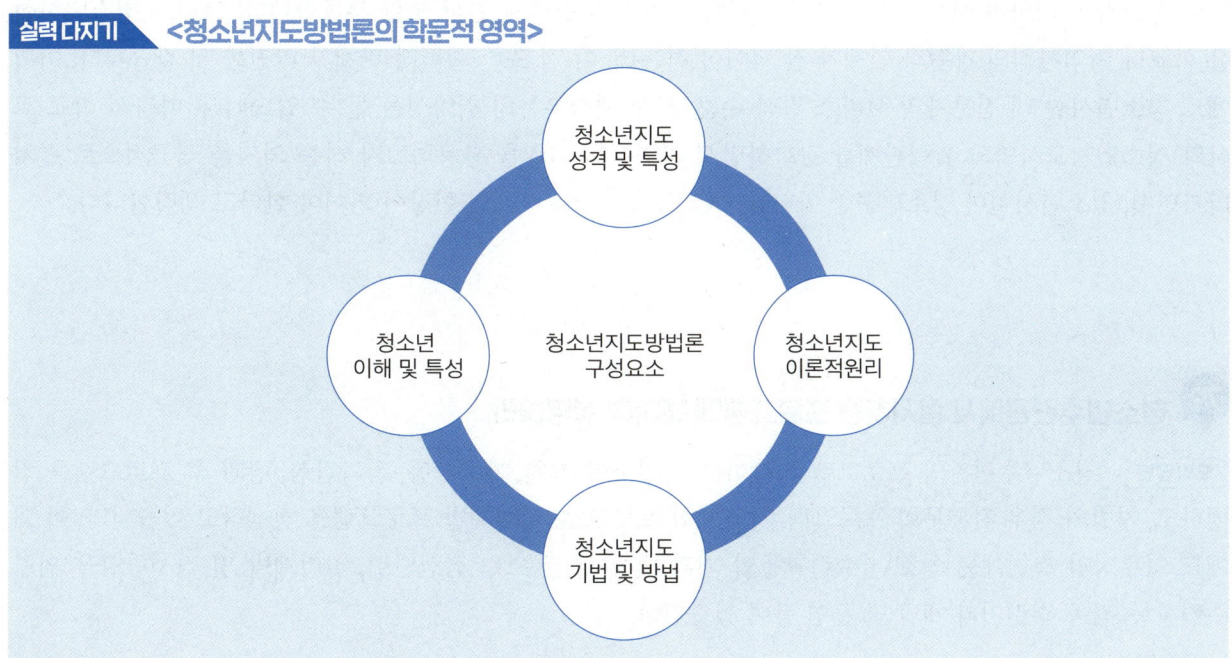

76. 경험학습과 구성주의 학습의 차이점에 대하여 설명하라.

모범답변 경험학습은 학습하는 것에 대해서 듣고, 말하고, 읽는 대신 학습자가 직접 참여하는 실제적 체험을 통해서 학습함을 의미합니다. 구성주의 학습은 능동적 과정으로 학습자의 자율성, 자기 주도적 참여가 중요하며 학습은 반성하는 능력을 통해서 추진되는 것으로 자신의 경험 들여다보기, 반성적 글쓰기 등을 활용합니다.

77 본인이 청소년활동 운영을 전개한다면 무엇을 고려하겠는가?

모범답변 저는 3가지를 고려하겠습니다. 첫째, 청소년활동은 구성원의 욕구와 흥미에 기초해야 한다는 점입니다. 둘째, 청소년활동 전체적인 과정을 중요하게 여기겠습니다. 마지막으로 청소년활동의 제반과정은 청소년에 의해 운영되도록 하여야 한다는 것입니다.

78 청소년시설의 문제점과 보완점에 대하여 설명하라.

모범답변 저의 견해를 말씀드리겠습니다. 청소년시설은 다른 대상자에 비해 시설이 부족하고, 시설 이용에 대한 홍보가 미비하여 이용자의 이용실적 저하와 함께 주민들의 인식 또한 부족합니다. 그리고 청소년시설은 학교나 지역사회의 자원과 연계가 잘 되어야 하는데, 이 점 또한 협력적 관계가 미진한 것 같습니다. 이외에도 청소년시설 내 전문가의 서비스 질적 수준, 시설 재정부분의 취약성을 들 수 있습니다. 따라서 학교 교사와 청소년지도사와의 협력관계를 강화하면서 지역사회 자원을 활용하고자 하는 의지를 적극적으로 펼쳐나가면서, 청소년시설이 청소년뿐만 아니라, 성인들과의 상호작용의 현장이 되어야 한다고 생각합니다.

79 청소년수련관에서 실시하는 프로그램에 대하여 설명하라.

모범답변 청소년수련관의 프로그램을 살펴보면 청소년 지원, 체육활동, 음악감상, 방과 후 프로그램을 진행하고, 지방의 경우 전통문화 프로그램, 자연체험 프로그램, 심성계발 프로그램을 진행하고 있습니다. 이 외에도 업무적인 측면에는 청소년 수련활동의 기획 및 운영, 청소년 심신단련, 취미계발 및 정서함양을 위한 수련활동, 각종 수련거리 개발 및 운영 등이 있습니다.

80 '청소년 개발'과 '청소년 활동'의 개념적인 차이에 대하여 설명하라.

모범답변 청소년 개발은 청소년들에게 다양한 체험, 활동 등을 제공함으로써, 청소년기에 당면한 문제들을 해결하고, 성인기로서의 삶을 위해 필요한 신체적, 정서적, 인지적, 사회적, 직업적 측면에서의 역량들을 발달시켜 나가는 일련의 과정입니다. 반면, 청소년활동은 청소년의 균형 있는 성장을 위하여 필요한 활동과 이러한 활동을 소재로 하는 수련활동, 교류활동, 문화활동 등 다양한 형태의 활동을 말합니다.

81. 청소년 개발이 청소년 정책에 미치는 영향에 대하여 설명하라.

모범답변 청소년 개발은 청소년 정책에 미치는 영향 측면에서 청소년 정책목적의 확장과 청소년의 참여기회 및 여건의 확대로 정책적 전략을 수정합니다. 즉, 청소년을 서비스 수혜자에서 적극적·능동적 참여자로서의 정책적 전환이 이루어질 수 있습니다.

82. 청소년활동 프로그램 개발의 과정을 설명하고 공식적으로 정해져 있는 프로그램이 아닌 본인이 지금까지 생각해 본 프로그램과 그 동기에 대하여 설명하라.

모범답변 먼저 청소년활동 프로그램 개발의 과정에 대해 말씀드리겠습니다. 개발과정은 프로그램 기획 → 프로그램 설계 → 프로그램 마케팅 → 프로그램 실행 → 프로그램 평가의 순서로 이루어집니다. 다음으로 제가 생각해 본 프로그램은 자신의 강점을 찾아, 또래친구들에게 마음껏 발산하는 계기를 마련해줄 수 있는 [강점 살리기] 프로그램입니다. 요즘 청소년들은 자신의 잠재력을 잘 깨닫지 못하고 살아가는 것 같습니다. 청소년 자신의 잠재력을 인식하고 이에 대해 또래친구들에게 표현하여 자신의 정체성과 함께 잠재력에 따른 진로탐색의 기회를 주고 싶어서 생각해 보았습니다.

83. 청소년 관련 프로그램을 개발하기 위해 어떤 점을 고려해야 하는가?

모범답변 프로그램 개발에 있어, 단순히 경험에 의존하기보다는 과학적으로 검증된 이론에 바탕을 두고 체계적으로 수행하는 것이 필요합니다. 그리고 음주, 흡연, 폭력 등의 청소년문제들은 상호 유기적으로 연결되기 때문에 청소년을 총체적으로 이해하면서 통합적으로 프로그램을 고려하는 것이 바람직하며 다양한 사람들의 참여로 청소년들과 상호작용으로 인한 효과를 기대할 수 있는 프로그램이 좋을 것입니다.

84. 청소년들의 흥미나 동기를 유발하면서 프로그램을 진행할 수 있는 방법에 대하여 설명하라.

모범답변 우선 청소년들과 친교프로그램으로 청소년에게 가까이 다가가는 것이 좋을 것입니다. 자기 소개를 통해 프로그램의 기대와 주된 관심사에 대해 나누며 편안한 분위기에서 할 수 있는 가벼운 레크리에이션도 해 볼 수 있을 것입니다. 그 다음 동기유발의 중요성을 인식시키고 참여하는 청소년들이 프로그램의 내용에 몰입할 수 있도록 격려와 지지를 보내는 태도가 청소년지도사에게 필요할 것입니다.

85. 청소년수련활동 지도방법에 대해 설명하고, 수련활동 지도방법에 대한 계획 수립 시 고려해야 할 사항에 대하여 설명하라.

모범답변 청소년수련활동 지도방법을 5가지 정도로 말씀드리면, 합리적인 수련활동 지도 계획의 수립, 다양한 수련활동 지도방법의 개발, 충분한 안전교육의 실시, 전인적인 인격 교육과 프로그램의 과학적 운영을 들 수 있을 것입니다. 그리고 계획 수립 시 고려해야 할 사항은 청소년들의 욕구가 무엇인지를 이해하고 수련활동의 목표, 프로그램 지도 방향 및 시설 등이 적합한 것인가를 파악하여 수련활동의 내용 수준의 합리적인 조정이 필요할 것입니다.

86. '창의적 체험활동의 교육과정'과 '청소년 동아리활동'에 대하여 설명하라.

모범답변 창의적 체험활동 교육과정은 자율 활동, 동아리활동, 봉사활동, 진로활동의 4개 영역으로 구성되며 민주시민으로서 기본적인 자질 함양을 목표로 하고 있습니다. 그리고 청소년 동아리활동은 문화, 예술, 스포츠 등 다양한 취미활동을 통해 건강한 또래관계 형성 및 자신의 특기나 소질을 개발할 수 있는 자율적 활동입니다.

87. 청소년자원봉사(DOVOL)은 무엇인가?

모범답변 두볼(Dovol)은 "Do Volunteer"(자원봉사 하다)의 약자로 국내 유일 청소년을 위한 자원봉사시스템으로 한국청소년활동진흥원에서 총괄 운영 및 관리를 하고 있습니다. 봉사활동 정보검색, 신청, 확인서 출력은 물론 1365나눔포털을 통해 NEIS(나이스, 학생생활기록부)로 실적 전송이 가능합니다.

실력 다지기 — 청소년봉사활동 목표·성취 활동 : Do Project

"Do Project"(두 프로젝트)는 청소년 스스로가 봉사활동 목표를 수립하고, 달성을 통해 성취감 및 보람을 느끼고, 지속적이고 적극적으로 봉사활동에 참여하도록 유도하는 청소년봉사활동 서비스이다.

- Do Project 단계별 목표시간 및 포상안내

단계	명칭	목표시간	봉사활동 시간	포상
1	Do50	50시간	50시간	시·도청소년활동진흥센터 소장명의 축하장
2	Do100	100시간	100시간	한국청소년활동진흥원 이사장명의 축하장
3	Do150	150시간	150시간	여성가족부장관명의 축하장

- Do Project 참여 절차 및 방법

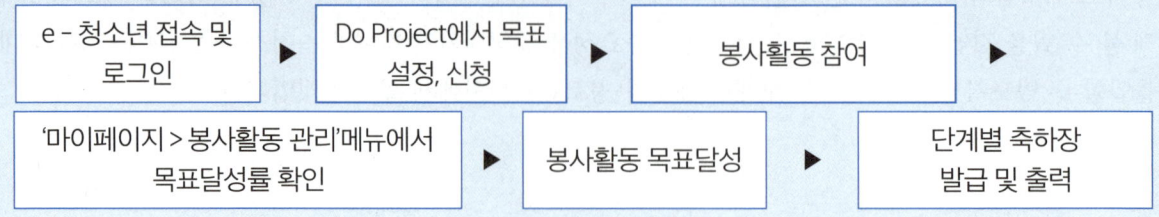

88 SWOT 분석에 대하여 설명하라.

모범답변 SWOT은 강점(Strength)과 기회(Opportunity)의 경우 긍정적인 면을, 약점(Weakness)과 위협(Threat)의 경우는 부정적인 측면을 분석하는 도구입니다. 강점과 약점 요인은 청소년 기관 내부(인적, 물적)에 해당하는 것이며 기회와 위협 요인은 거시적 환경(청소년기관)에 해당합니다.

89 멘토링의 개념과 장점·단점에 대하여 설명하라.

모범답변 멘토링은 소외계층 초, 중, 고등학생 멘티들을 대학생이나 청소년지도사인 멘토와 연계하여 학생들의 건강한 성장을 돕는 교육지원 프로그램이며 기초학습 및 교과지도, 특기·적성지도, 학교생활상담 등을 지원합니다. 멘토링의 장단점으로는 유대관계 형성으로 정서적 안정, 새로운 지식과 기술을 배울 수 있다는 장점과 유대관계가 깨졌을 때 상처를 받기 쉽고 자립의 의지가 약해질 수 있다는 단점이 있습니다.

90 '창의력 교육'의 개념을 설명하고 창의적 교육과 체험활동의 정착을 위해서는 어떻게 해야 하는지 설명하라.

모범답변 창의력 교육은 청소년들이 체험을 통해 자기 주도적 학습에 의한 새로운 경험을 통해서 지식을 습득하고 이해할 수 있으며 창의적이고 적극적인 사고력을 향상시킬 수 있는 교육입니다. 창의적 교육과 체험활동의 정착을 위해서는 지나치게 많은 활동이나 학습량은 지양하고 암기위주의 교육방법 탈피 등이 중요하다고 생각합니다.

91. 청소년지도사 배치기준에 대하여 설명하라.

모범답변 청소년 기본법 제23조 및 동법시행령 제25조에 의하여 청소년시설(청소년수련관, 문화의집) 및 청소년단체는 청소년육성을 담당하는 청소년지도사를 배치하여야 합니다.

배치대상	배치기준
청소년 수련관	1급 청소년지도사 1인, 2급 청소년지도사 1인, 3급 청소년지도사 2인 이상을 두되, 수용인원이 500인을 초과하는 경우에는 500인을 초과하는 250인마다 1급, 2급 또는 3급 청소년지도사 중 1인 이상을 추가로 둔다.
청소년 수련원	1) 1급 또는 2급 청소년지도사 1명 이상을 포함하여 2명 이상의 청소년지도사를 두되, 수용정원이 500명을 초과하는 경우에는 1급 청소년지도사 1명 이상과 500명을 초과하는 250명당 1급, 2급 또는 3급 청소년지도사 중 1명 이상을 추가로 둔다. 2) 지방자치단체에서 폐교시설을 이용하여 설치한 시설로서 특정 계절에만 운영하는 시설의 경우에는 청소년지도사를 두지 않을 수 있다.
유스호스텔	청소년지도사를 1인 이상 두되, 숙박정원이 500인을 초과하는 경우에는 2급 청소년지도사 1인 이상을 추가로 둔다.
청소년 야영장	① 청소년지도사를 1인 이상 둔다. 다만, 설치·운영자가 동일 시·도안에 다른 수련시설을 운영하면서 청소년야영장을 운영하는 경우로서 다른 수련시설에 청소년지도사를 둔 때에는 그 청소년야영장에 청소년지도사를 별도로 두지 아니할 수 있다. ② 국가·지방자치단체 그 밖에 공공법인이 설치·운영하는 청소년야영장으로서 청소년수련거리의 실시 없이 이용의 편의만 제공하는 경우에는 청소년지도사를 두지 아니할 수 있다.
청소년 문화의집	청소년지도사를 1인 이상 둔다.
청소년 특화시설	1급 또는 2급 청소년지도사 1명 이상을 포함하여 2명 이상의 청소년지도사를 둔다.
청소년 단체	청소년 회원 수가 2,000인 이하인 경우에는 1급 청소년지도사 또는 2급 청소년지도사 1인 이상을 두되, 청소년회원 수가 2,000인을 초과하는 경우에는 그 초과하는 2,000인 마다 1급 청소년지도사 또는 2급 청소년지도사 1인 이상을 추가로 두며, 청소년회원 수가 10,000인 이상인 경우에는 청소년지도사 수의 5분의 1 이상은 1급 청소년지도사로 두어야 한다.

92 화랑도의 실천덕목과 수련거리에 대하여 간략히 설명하라.

모범답변 화랑도의 실천덕목(實踐德目)으로는 효제충신(孝悌忠信), 오상육예(五常六藝), 세속오계(世俗五戒)가 있으며 화랑도의 수련거리(프로그램)는 유교 경전을 연구하는 도의상마(道義相磨)와 가악을 익혀 정서를 함양하는 가락상열(歌樂相悅), 그리고 국토 순례, 신체단련, 애국심 함양을 강조하는 산수유오(山水遊娛)가 있습니다.

93 청소년 성문화의 의미와 청소년 성 접촉의 가장 큰 문제점에 대하여 설명하라.

모범답변 청소년 성문화는 청소년들이 공유하고 있는 성에 대한 가치관이나 태도, 감정, 행동 등과 같이 성에 대한 전반적인 생활양식을 의미합니다. 그리고 청소년 성 접촉의 가장 큰 문제점은 음란사이트, 성인 영상물 등 유해매체에 노출되기 쉽고 이에 대해 무방비 상태에서 모방할 수 있다는 문제점으로 성에 대한 왜곡된 신념을 가질 수 있다는 점입니다.

94 청소년 '팬덤문화'에 대하여 설명하라.

모범답변 '팬덤'은 대중적인 특정 인물이나 분야를 열성적으로 좋아하는 사람들 또는 그러한 문화현상입니다. 이는 텔레비전의 보급과 함께 대중문화가 확산되면서 나타난 현상의 하나로써, '팬덤'이 문화적 영향력을 행사하면서 '팬덤문화'라는 용어가 탄생하였습니다. 10대 팬덤들은 대중스타에 대한 애정 그리고 열광과 환호를 자신의 억압된 욕망의 탈출구로 삼기도 합니다.

95 청소년문화의 성격(특성)에 대하여 설명하라.

모범답변 청소년문화는 청소년들이 살아가고 있는 다양한 사회문화적 환경과의 상호작용 과정에서 만들어지고 있습니다. 청소년문화는 흔히 미숙한 문화, 비행문화, 하위문화, 대항문화, 그리고 이 중 새로운 문화의 성격이 있습니다. 새로운 문화의 경우는 문화변동의 선구적 역할로, 새로운 매체 등을 다루는데 기성세대에 비해 더 유연하고 새로운 스타일의 유행문화를 이끌어 내기도 한다는 관점입니다.

96 청소년의 문화가 왜 중요한지에 대해 설명하라.

모범답변 청소년의 문화는 자신의 청소년기를 보다 안정되게 해주고, 소속감을 제공하여 일탈행위를 줄여주는 기능을 합니다. 그리고 방황하는 청소년에게 인생의 안내자 역할을 하고 그와 함께 규범과 가치관을 제시해 주며, 젊음의 격정을 건설적으로 승화시켜 청소년들의 역량을 건전한 문화 창조로 전환시켜 주기도 하므로 중요합니다.

97 청소년의 언어문화 특성에 대하여 설명하라.

모범답변 청소년들의 대화의 많은 부분은 각종 은어로 이루어져 기성세대들은 그 뜻을 이해하기조차 어렵게 되었습니다. 예를 들어, 솔까말(솔직하게 까놓고 말하다), 격친(격렬하게 친하게 지내다) 등의 은어나 약어를 사용하는 경향이 있습니다. 이것은 디지털 문화가 확산되어 그 영향력이 커지면서 언어의 경제적 효용성이나 문화적 유희성 때문이라고 생각합니다.
이에 대해 저는 은어 등의 말보다는 말을 순화하고 그 상황에 알맞은 언어를 사용하는 노력을 해야 한다고 생각합니다.

98 청소년 비행이론 중 아노미이론과 차별접촉이론에 대하여 설명하라.

모범답변 아노미이론의 아노미현상은 규범을 벗어난 행동을 통제할 만한 장치가 와해된 것을 말하며 청소년 비행문제는 이와 같은 아노미현상에서 비롯된다고 보았습니다. 그리고 차별접촉이론은 비행친구와의 접촉이 중요한 문제행동의 원인이 되며 비행친구와의 접촉빈도, 접촉기간 등이 비행에 있어 변인이 됩니다.

> **실력 다지기** **문화지체 현상과 사례**
> 문화지체 현상은 과학 기술과 같은 물질문화의 변동 속도를 사람들의 의식이나 행동이 따르지 못하여 발생하는 부적응 현상이다.
> 기술의 발달로 언제 어디서나 편리하게 휴대전화를 사용할 수 있게 되었지만 사람들의 의식은 이를 따르지 못해 스팸 문자 등을 보냄으로써 사회에 악영향을 미치는 것

99. 청소년 성폭력에 대한 개인적 의견을 이야기한다면?

모범답변 청소년 성폭력은 우리 사회에서 뿌리 뽑아야 하는 중대 범죄라고 생각합니다. 정부에서 아동 및 청소년에게 미치는 영향을 고려하여 아동·청소년 성폭력 범죄의 공소시효가 폐지된 점은 이를 뒷받침한다고 생각합니다. 이렇듯 여러 가지 사후적인 대책도 있지만, 예방도 중요합니다. 맞벌이 가정의 아이들이 홀로 남겨지지 않도록 하고 이웃들의 세심한 주의와 관심도 필요하며, 아동·청소년에 대해 가정에서의 각별한 보호와 사회적 관심이 필요하다고 봅니다.

> **실력 다지기** | **성폭력 대처법에 대해 아동에게 교육을 시킨다면**
> 1) 우선 아이에게 자신의 몸이 얼마나 소중한지를 가르쳐 주는 것이 중요하다.
> 2) 엄마나 아빠 등 가족이어도 아이의 가슴이나 엉덩이, 성기 등 주요 부위를 함부로 만져서는 안 되며 더불어 다른 사람의 몸도 함부로 만져서는 안 된다고 일러줘야 한다.
> 3) 아이에게 누군가 몸을 만지거나 만지려 할 때 자신의 기분이나 감정을 존중받아야 한다는 것을 인지시켜야 하며 아이들은 확실하게 싫은 것이 아니라 기분이 이상하거나 애매한 느낌일 때 혼란을 느끼는데 그럴 때도 거부 의사를 표현하는 법을 알려줘야 한다.

100. 자아정체성에 대하여 설명하고 안정된 정체감을 형성하기 위해서는 어떻게 해야 하는가?

모범답변 자아정체성은 자신의 독특성에 대해 안정된 느낌을 갖는 것으로, '내가 누구인가'를 일관되게 인식하는 것입니다. 안정된 정체감을 형성하기 위해서는 신체적·성적 성숙, 추상적 사고 능력의 발달, 정서적 안정이 선행되어야 하며 이와 함께 부모나 또래 집단의 영향으로부터 어느 정도 자유로울 수 있어야 합니다.

101. 자아정체감이 낮아서 생기는 문제에 대하여 설명하라.

모범답변 자아정체감이 취약한 경우 현실순응적인 유형으로써, 평소엔 별 문제가 없지만 위기에 약한 특성을 보입니다. 또한, 자존감이 낮은 만큼 자신이 행복하다고 느끼는 '행복지수'도 낮게 나타납니다. 자살이나 음주 비율이 높은 사회의 경우 병리적 현상들의 원인은 낮은 자아정체감이라고 할 수 있습니다.

102. 청소년들이 자아정체감을 획득하기 위해서는 어떻게 해야 하는지 설명하라.

모범답변 자아정체감은 어느 누군가가 심어주는 게 아니라, 자기 스스로 고민과 탐색을 통해 발견해 나가는 것입니다. 자아정체감을 형성한 사람은 자신을 지나치게 의식하지 않으며, 자신을 다른 사람에게 잘 표현할 줄 압니다. 자아정체감 형성에서 가족의 역할은 중요합니다. 무조건적으로 받아주는 양육태도보다는 부모의 민주적인 양육태도와 가족의 기능도가 높을 때 청소년의 자아정체감 형성에 도움이 됩니다.

103 마르샤의 4가지 정체성에 대하여 설명하라.

모범답변 마르샤의 4가지 정체성은 정체감 성취, 정체감 혼미, 정체감 유예, 정체감 유실입니다. 4가지 정체성은 참여정도와 위기경험에 따라 구분하였으며 이를 자아정체감 성취지위에 따른 분류라고 합니다. 성취지위가 가장 높은 것은 정체감 성취이며 가장 낮은 것은 정체감 혼미입니다.

> **실력다지기** 　마르샤의 4가지 정체성
>
> 1) **자아정체감 성취**
>   자아정체감을 성공적으로 성취해낸 경우로서, '나'에 대한 심각한 고민을 거친 결과 자신이 누구와도 다르다는 것을 깨닫고, 자기에게 합당한 진로와 삶의 철학을 발견한 상태이다.
> 2) **자아정체감 혼미**
>   자아정체감을 찾지도 못하고 찾으려고 하지 않는 상태로서, '나'에 대한 뚜렷한 모습을 그리지 못하고 삶의 방향에 대해 무관심하고 뚜렷한 목표도 없으며, 충동적이고 동요도 심하다.
> 3) **자아정체감 유예**
>   아직 뚜렷한 자아정체감을 찾지는 못했지만, 자아정체감 혼미와는 달리 자아정체감을 찾기 위해 끊임없이 노력하며 자기를 찾기 위한 내적인 투쟁을 벌이고 있는 것이다.
> 4) **자아정체감 유실**
>   자기의 정체에 대해 심각하게 고민해 본 적이 없고, 고민하려고 하지도 않으며 성인들이 요구하는 인간상을 전폭적으로 수용해버린다.

104 조현병의 증상에 대하여 설명하라.

모범답변 정신분열증인 조현병은 망상, 환각이 나타나며 비논리적이고 지리멸렬한 혼란된 언어인 와해된 언어와 나이에 걸맞은 목표지향적 행동을 하지 못하고 상황에 부적절하게 나타내는 심하게 와해된 행동 그리고 긴장증적 행동, 음성 증상 등을 보이는, 가장 심각한 부적응적 양상을 나타내는 정신장애입니다.

105 학교폭력에 대한 대처방안이나 예방에 대하여 설명하라.

모범답변 학교폭력 예방을 위해서는 학교문화 개선이 무엇보다 중요합니다. 그리고 다양한 폭력 예방교육과 인성교육을 추진하며 학생 자치활동, 선생님과 상담 강화에도 힘써야 합니다. 또한 피해학생에 대한 보호뿐만 아니라, 가해자 학생들을 변화시키는 가해자·가해 위험집단에 대한 예방활동 강화 등이 필요하다고 생각합니다.

106 학교폭력에 대처하기 위한 정부의 시책에 대하여 설명하라.

모범답변 학교폭력에 대처하기 위한 정부의 시책은 여러 가지가 있습니다. 저는 지역대책협의체계 구축에 대해 말씀드리겠습니다. 정부는 시·군·구별로 '학교폭력지역대책협의회'를 두어 기초단체와 경찰서, 교육지원청, 지방검찰지청 등이 공동으로 학교 폭력에 대처하고 있습니다. 그리고 전국의 Wee센터와 청소년 안전망도 '원스톱(One - Stop) 통합지원센터'로 지정해 운영하고 있습니다.

> **청소년 스스로 지킴이(여성가족부)**
> 청소년이 스스로 주위 생활환경 속 유해한 요소 즉, 폭력, 약물 등)을 변별하고 대응해 나가기 위한 모니터링, 캠페인 및 권리 신장 활동을 하는 것이다.

107 청소년과 성인의 차이점을 설명하라.

모범답변 성인과 다른 점을 청소년을 중심으로 정리하여 말씀드리겠습니다. 청소년은 아동에서 성인으로 발달되는 과정 중에 있는 사람으로, 과도기적이며 주변인(marginal man)인 성격으로, 정신적·신체적으로 불안정과 불균형이 심하게 일어나는 '질풍과 노도의 시기'입니다. 성적 관심도 뚜렷해지고 부모로부터 정서적으로 독립하려는 성향이 크며 자아를 인식하여 자기대로의 인생관 등을 확립하는 시기입니다.

108 청소년과의 의사소통에서의 어려운 점과 개선방안은?

모범답변 청소년들은 비속어나 은어를 많이 사용하여 의사소통에 어려움이 있기도 합니다. 그리고 문제점은 청소년 자신이 하는 말이 남에게 상처를 주거나 공격하는 말인지 잘 인식하지 못하고, 자신의 감정과 생각을 정돈해 표현하는 법을 잘 모른다는 것입니다. 따라서 이를 개선하기 위해 상대방의 입장에서 먼저 생각하기, 상대방을 칭찬하기, 의사소통의 방법으로 나 - 전달법(I message)을 실천해보기 그리고 경청의 중요성에 대해 교육하는 방안을 고려해 볼 수 있습니다.

109. 집단따돌림을 당하는 아이의 특성과 집단따돌림의 예방적 대안에 대하여 설명하라.

모범답변 집단따돌림을 당하는 아이는 사회적으로 고립되어 친구가 별로 없고 대화를 나누지 않으며, 공동의 관심사나 활동에 참여하지 않습니다. 또한 신경질적이거나 공격적인 특성을 갖고 있는 경우가 많으며 자기주장이 별로 없어 친구들이 장난삼아 한두 번 놀려도 가만히 있거나 복종적으로 반응하여 친구들은 이후에도 놀리거나 괴롭히는 행동을 더욱 하게 됩니다.

예방적 대안으로는 부모역할적인 측면에서 생각해보았습니다. 아이를 어려서부터 또래와의 관계를 스스로 맺고 생기는 갈등을 자신이 해결하도록 지도해야 하며 자기주장을 적절하게 표현할 수 있도록 항상 아이의 말에 귀를 기울여야 합니다. 마지막으로 다른 사람의 마음을 읽고 배려할 줄 아는 아이로 길러야 합니다.

110. 맞벌이 부부 증가로 인한 나홀로 청소년(열쇠청소년)의 증가에 따른 문제점과 대책은?

모범답변 나홀로 청소년(열쇠청소년)의 증가는 인터넷 중독, 범죄노출의 위험, 건강차원에서는 비만의 문제, 그리고 여가·문화 활동의 부족, 성적부진의 문제가 나타날 수 있습니다. 대책으로는 청소년의 자기개발 차원의 노력을 할 수 있는 제도와 인프라 구축이 요구됩니다. 즉, 방과 후 학교, 방과 후 아카데미, 돌봄 교실, 지역아동센터, 찾아가는 돌봄 서비스 등의 프로그램을 잘 활용하는 것도 방법이 될 수 있습니다.

111. 'DeSeCo 프로젝트'와 역량에 대하여 설명하라.

모범답변 1997년부터 수행된 DeSeCo(Defining and Selecting Key Competencies) 프로젝트는 '역량'의 중요성을 강조합니다. DeSeCo 프로젝트의 목적은 개인이 생애에 걸쳐 갖추어야 할 역량과 기술을 규명하고, 인적자원의 질적 표준과 국가 학습목표를 제시하여 역량형성을 위한 제도적 장치를 마련하기 위한 것입니다. DeSeCo 프로젝트에 따르면, 역량이란 특정 맥락의 복잡한 요구를, 지식과 인지적·실천적 기술뿐만 아니라 태도·감정·가치·동기 등과 같은 사회적·행동적 요소를 가동시킴으로써 성공적으로 충족시키는 능력을 의미합니다.

112. 'CM', 'PM'에 대하여 설명하라.

모범답변 'CM'은 케이스 매니지먼트로서 맞춤형의 서비스를 원스톱으로 제공하는 사례관리를 의미하는 것이며 'PM'은 프로젝트 매니저로서 프로그램을 개발하는 개발자와 같은 역할을 담당합니다.

113 20명의 중학생이 이곳에 있다고 생각하고 자기가 잘 할 수 있는 수업을 진행한다면?

- 개별적으로 작성해보세요.

모범답변 저는 토론수업을 잘 진행합니다. 우선 20명의 학생들에게 주로 관심으로 갖는 최근 사회현상(문제)에 대해 묻고 공통적으로 인식하고 있고 토론하고 싶은 주제 한 가지를 정합니다. 주제가 정해지면 20명을 4개조로 나누어 일정시간 동안 분임토의를 하게 합니다. 분임토의 후 각 조의 발표자는 나와서 조의 토의 내용을 정리 발표하면서 다른 사람들의 생각을 인식하게 하고 이에 대해 정리할 수 있는 수업을 하고 싶습니다.

114 청소년문화에 대한 자신의 견해는?

모범답변 청소년 문화에는 팬덤문화, 스포츠문화, 소비문화, 인터넷 문화 등 다양한 문화가 존재합니다. 청소년들은 자신만의 문화를 만들어 가고 있습니다. 기성세대들이 만들어 놓은 틀에서 벗어나 더욱 흥미롭고 창의적이며 자유로운 부분이 많습니다. 이러한 청소년문화에 관심을 가지고 이들을 이해하는 사회가 될 수 있도록 노력하여야 한다고 생각합니다. 이것이 청소년지도사의 역할이기도 합니다.

115 청소년을 은유적으로 표현한다면?

모범답변 저는 청소년을 야구에 비유하고 싶습니다. 야구는 공 하나에 경기를 뒤집을 수 있어 예측이 어려운 특징이 있습니다. 이러한 점은 예측이 어려운 청소년기와 유사합니다. 그리고 야구는 팀워크가 중요합니다. 좋은 팀워크는 팀을 우승으로 이끌기도 합니다. 청소년들 또한 또래집단과의 좋은 관계 형성으로 자아정체성 형성이라는 발달과업에 잘 도달할 수 있을 것입니다.

116 청소년 수련시설의 문제점과 대책에 대하여 설명하라.

모범답변 청소년 수련시설은 시설 이용에 대한 홍보부족과 시설의 현대화 부분에 있어서 조금 아쉬움이 있다고 생각합니다. 특히, 청소년들에게 흥미를 줄 수 있을 만큼의 시설 인프라가 구축되지 못한 점이 아쉽습니다. 이러한 문제점을 해결하기 위해서는 흥미롭고 유익한 청소년 프로그램은 물론, 청소년들이 다시 찾고 싶은 명소가 될 수 있는 시설 인프라를 구축할 수 있는 재정적 지원이 필요합니다.

117. 청소년 비행문제는 교정복지시설과 연관되는데, 교정복지시설은 어떠한 방법으로 처우가 이루어져야 한다고 생각하는가?

모범답변 비행청소년 선도를 위한 교정복지시설의 경우, 시설 내 처우와 사회 내 처우 등이 있습니다. 저는 주로 사회 내 처우에서 개선이 이루어져야 한다고 생각합니다. 구금보다는 지역사회에서 봉사활동이나 교육 등을 통한 보호관찰적인 접근이 성장하는 청소년에게 보다 더 필요한 부분이라고 생각합니다. 또한 청소년의 환경적 상황에 맞는 개별적(맞춤형) 처우와 원스톱적인 접근이 중요하다고 생각합니다.

118. 촉법과 우범의 차이점을 설명하라.

모범답변 촉법은 형벌 법령에 저촉되는 행위를 하였지만, 책임 능력이 없기 때문에 범죄 행위를 하였어도 형사처벌을 받지 않으며 보호 처분의 대상이 됩니다. 우범은 죄를 범하지는 아니하였으나, 그 성격이나 환경으로 보아 장차 죄를 범할 우려가 있는 경우를 말합니다.

119. 약물복용이 청소년의 대뇌에 미치는 영향을 생물학적으로 설명하라.

모범답변 약물복용이 청소년의 대뇌에 미치는 영향의 생물학적 이론에는 유전이론과 생화학적 이론이 있습니다. 유전이론은 개인의 유전적 요소가 약물남용에 영향을 준다는 것입니다. 생화학적 이론은 신체가 약물에 대해 반복적으로 노출될 경우 신체는 약물에 점진적으로 적응하게 되며 약물은 신체적 기능을 위해서 꼭 필요한 것이 되어버린다는 것입니다.

120. 청소년문화의 긍정적인 측면, 부정적인 측면에 대하여 설명하라.

모범답변 청소년문화의 긍정적인 측면은 청소년들의 문화가 창의적이고 진취적이면서 기성세대들이 생각하지 못하는 독특한 문화를 형성한다는 점입니다. 청소년문화의 부정적인 측면은 다소 폭력적인 문화 등 부정적인 문화 형성과 함께 청소년 자신이 문화를 받아들일 때, 무비판적으로 받아들이기 때문에 이른바 나쁜 문화의 습득이 빠르다는 점입니다.

121 'OL'이란 무엇인가?

모범답변   OL(오리엔티어링 : Orienteering)에서 O는 독어의 'Orientierungs', L은 'Lauf'라는 말에서 유래한 것입니다. 전자는 '방향을 정하다'의 의미이며 후자는 '달리다'라는 의미입니다. 이는 나침반 지도를 가지고 정해진 목표지점을 거쳐 정해진 시간 내에 팀워크를 통해 달성하면서 협동성, 분석력 등을 기르는 청소년 수련거리 중 하나입니다.

122 학교교사와 청소년지도사를 비교했을 때 청소년지도사가 부족한 점은?

모범답변   학교교사는 학교라는 정규교육의 장을 통해 정해진 시간과 정해진 규칙에 의해 학생들을 학습을 통해서 지도하는 사람입니다. 청소년지도사는 학교 밖 생활에서 여러 가지 청소년 활동프로그램을 통해 균형 있는 성장이 이루어질 수 있도록 육성하는 지도자입니다. 청소년지도사가 부족한 점은 정규교육의 틀에 있는 청소년들을 지도하는데 시간적으로 부족하며, 고정관념이 있는 청소년들을 스스로 할 수 있도록 이끌어 내는 기술적인 측면에서도 다소 부족함이 있다고 생각합니다.

123 청소년수련활동 시 필요한 구성요소는?

모범답변   청소년수련활동 시 필요한 구성요소를 3가지로 말씀드리겠습니다. 문화적 감성과 과학 및 정보화 능력의 함양, 봉사와 협력정신 및 개척정신의 배양, 마지막으로 전문적 직업능력을 준비하고 사회환경 의식을 함양하는 것입니다.

124 인터넷 실명제에 대한 자신의 의견은?

모범답변   인터넷 실명제란 본인의 주민번호와 실명이 일치해야 인터넷 게시판에 글을 쓸 수 있게 하는 제도입니다. 저는 인터넷 실명제에는 장점과 단점이 있다고 생각합니다. 인터넷은 모든 사람이 누구나 자발적으로 참여하는 공간입니다. 실명제로 하면 근거 없이 남을 비방하는, 이른바 악플이 많이 줄어들 것입니다. 그러나 개인정보노출의 문제가 나타날 수 있으며 자신의 글이 여러 사람들의 구설수에 올라 인터넷상에 글을 게재하는 것이 위축되기도 하고, 사회생활에 부적응을 초래할 수 있을 것입니다.

125 다문화 가족들이 가지고 있는 문제점에 대해 설명하라.

모범답변 다문화 가족들이 가지고 있는 문제점으로는 한국과 자신의 문화의 차이에서 오는 인식의 차이, 언어적 의사소통에서의 문제, 자녀교육의 문제, 소수자로서 사회적 편견으로 인한 부적응 문제 등이 있습니다.

126 집이 부유하고 큰 문제가 없어 보이는 청소년이 문제를 일으켰는데, 이 청소년에 대해 정신분석학적 이론에 의해 접근해 본다면?

모범답변 집이 부유하고 큰 문제가 없어 보이는 청소년이 문제를 일으켰다는 점을 정신분석학적 이론에 의해 접근한다면 2가지를 생각해 볼 수 있을 것입니다. 우선, 과거 어린 시절 정신적인 외상이 무의식 속에 잠재되어 있다가 현재 생활에서 이것이 문제로 나타날 수 있을 것입니다. 두 번째로는 청소년기에 문제가 발생한 것은 이전단계의 발달과업 달성에 실패하여 고착된 현상으로 문제가 발생하였을 수 있다는 점입니다.

127 청소년수련활동 개념과 청소년 수련활동의 3요소는?

모범답변 청소년수련활동이란, 청소년이 생활권 또는 자연권에서 심신단련, 자질 배양, 취미개발, 정서함양과 사회봉사로써 배움을 실천하는 체험활동입니다. 그리고 청소년수련활동의 3요소는 수련거리, 수련시설, 청소년지도사가 있습니다.

128 청소년유해시설은 무엇이며, 어떤 것들이 있는가?

모범답변 청소년의 출입과 고용이 청소년에게 유해한 것으로 인정되는 시설을 말하며, 출입과 고용이 금지된 업소는 사행을 조장하는 업소, 유흥주점업소, 무도장업소, 청소년유해매체물이나 유해약물을 제작, 생산, 유통하는 업소 등이 있습니다. 청소년출입은 가능하나 고용이 금지된 업소에는 숙박업이나 목욕장업, PC방, 술을 판매하는 음식점 등이 있습니다.

129 학교 앞 스쿨존이 있는 것처럼, 인터넷에 스쿨존 같은 가상의 존을 만든다면 어떤 존을 만들 것이며 운영방안은?

모범답변 저는 인터넷이므로 e - 그린존을 만들고 싶습니다. 이는 청소년에게 유해한 사이트를 차단하는 것입니다. 우선 프로그램 개발과 함께, 청소년이 유해 사이트에 접근을 시도하였을 경우 보호자에게 문자 메시지로 그 상황을 즉시 전달하여 청소년의 유해 사이트 접근을 방지하는 것입니다. 이와 함께 청소년이 활용할 수 있는 인터넷 웹상의 공간을 제공하여 소통의 장(場)을 만들어보고 싶습니다.

130 청소년지도사와 평생교육사, 청소년상담사의 차이에 대하여 설명하라.

모범답변 활동적인 측면에서 다른 점을 말씀드리겠습니다. 청소년지도사는 청소년수련활동의 여건조성과 지원, 청소년단체의 육성과 활동지원, 청소년을 위해 유해 환경의 정화활동 등의 업무를 수행합니다. 평생교육사는 평생교육프로그램의 개발과 운영, 그리고 성인들에 대한 학습 상담과 생애개발 지원 등의 업무를 수행합니다. 청소년 상담사는 청소년 문제와 관련하여 예방적인 상담뿐만 아니라, 청소년의 문제를 해결하는 조언과 상담치료의 업무를 수행합니다.

131 청소년활동이 활성화되지 못하는 이유와 대책은?

모범답변 청소년활동이 활성화되지 못하는 것은 과중한 학교수업, 단편적인 청소년활동 프로그램, 청소년활동 시설인프라의 부족, 청소년수련활동에 대한 부모의 인식 부족, 청소년활동 프로그램 참여에 대한 비용 부담 등을 들 수 있습니다. 대안으로는 청소년활동 활성화를 위해 정부 차원의 예산 지원의 확충이 요구됩니다. 시설 인프라 구축, 프로그램 참여비용의 지원과 질적 프로그램의 개발도 중요한데, 이는 재정적인 뒷받침이 이루어져야 가능하다고 봅니다.

132 30억 프로젝트가 주어졌다면, 30억을 어떻게 사용할 것인가?

모범답변 저는 30억 프로젝트로 시설 인프라를 구축하고 싶습니다. 프로그램의 개발과 운영도 중요한 요소이지만, 비영리로 운영되는 청소년 관련 기관의 현대화 작업을 해보고 싶습니다. 청소년의 눈높이에 맞춘 리모델링과 기자재의 마련으로 관심과 흥미를 지닐 수 있는 시설 인프라를 구축하고 싶습니다. 이러한 작업은 중장기적으로 청소년기관을 찾아오는 부모나 청소년들에게 흥미와 애착을 갖게 하는 효과가 있을 것입니다.

133 청소년 '지위비행'이란?

모범답변 청소년 비행 중 지위비행은 성인들에게는 용납이 되는 행동이 청소년이라는 지위로 인해 비행으로 분류되는 행동입니다. 종류로는 가출, 흡연, 음주, 유흥업소 출입, 관람불가 영화보기 등이 있습니다.

134 청소년수련활동인증제의 인증마크인 YAP는 무엇의 약자인가?

모범답변 YAP는 Youth Activity Program의 약자입니다.

135 피아제의 인지발달단계와 특성에 대하여 설명하라.

모범답변 피아제의 인지발달단계는 모두 4단계로서 감각운동기, 전조작기, 구체적 조작기, 형식적 조작기로 구분됩니다. 이는 사고의 발달단계이며 형식적 조작기로 나아갈수록 고차원적인 사고로 발달하게 됩니다. 감각운동기는 대상영속성의 형성, 전조작기는 자기중심적인 사고, 구체적 조작기는 논리적 사고, <u>형식적 조작기는 추상적 사고, 연역적 사고, 조합적 사고가 특징이며 가설을 설정하여 이를 검증하고 미래를 예측할 수 있다는 것이 특징이며, 청소년은 형식적 조작기에 해당합니다.</u>

136 '중2병'이란 무엇이며 중2병이 있는 중학교 2학년을 지도할 때 어떻게 할 것인가?

모범답변 중2병이란 사춘기적 반항 심리 상태로, 그 또래 청소년들이 흔히 겪게 되는 심리적 상태를 지칭하는 단어로 사용됩니다. 중2병이 있는 중학교 2학년을 지도할 때, 우선 이러한 현상은 발달과정상 자연스러운 현상일 수 있음을 인식시키고 싶습니다. 먼저, 지도청소년의 반항이 병리적인 측면이 있는지를 전문가들의 도움을 받아 파악하는 것이 필요합니다. 지도하는 동안에는 항상 관심을 기울여 청소년을 이해함과 동시에 상황에 따른 문제해결에 조언도 아낌없이 주고 싶습니다. 항상 청소년을 중심으로, 자발적인 자기주도적 활동이 이루어질 수 있게 하여 자립심도 키워주겠습니다.

137 지그문트 프로이트의 발달단계와 특성에 대하여 설명하라.

모범답변 프로이트는 인간의 발달단계를 리비도의 분포에 따라 구강기, 항문기, 남근기, 잠복기, 생식기의 5단계를 제시하였습니다. 구강기는 먹는 행동을 통해 만족과 쾌감을 얻고 항문기에 아동의 성적 관심은 항문부위에 모아지며 대소변을 통해 쾌락을 느끼게 됩니다. 남근기에는 콤플렉스를 경험하며 아동들은 부모와 동일시함으로 적절한 역할을 습득하여 초자아를 발달시킵니다. 잠복기에는 성적욕구가 억압되어 성적 충동 등이 잠재되어 있는 시기이며, 생식기에는 잠복되어 있던 성적 에너지가 무의식에서 의식의 세계로 나오게 됩니다.

138 매슬로우 동기위계설과 그 단계에 대하여 설명하라.

모범답변 매슬로우는 결손욕구가 결핍되면 반드시 채워져야 하며 성장욕구가 결핍되면 반드시 채워질 필요는 없지만, 인간이 성장하기 위해 필요하다고 주장하였습니다. 욕구의 5단계는 생리적 욕구, 안전욕구, 소속과 애정욕구, 자존의 욕구, 자아실현의 욕구입니다.

139 콜버그의 도덕성 발달단계에 대하여 설명하라.

모범답변 콜버그의 도덕성 발달단계는 3수준 6단계로 구분됩니다. 인습 이전 수준에는 벌과 복종에 의한 도덕성과 욕구충족을 위한 수단으로서의 도덕성이 있습니다. 인습 수준에는 대인관계에서의 조화를 위한 도덕성과 법과 질서의 준수로서의 도덕성이 있습니다. 후 인습 수준에는 사회계약 정신으로서의 도덕성과 보편적 도덕원리에 대한 확신으로서의 도덕성을 제시하였습니다.

140 에릭슨의 심리사회적 발달단계와 특징에 대하여 설명하라.

모범답변 에릭슨의 심리사회적 발달단계는 8단계로 구분하였습니다. 유아기부터 노년기까지 전 생애를 구분하였으며 자아심리를 강조하면서 각 단계마다 심리사회적 위기 또는 발달과업을 제시하였습니다. 그리고 발달을 개인의 심리적 발달과 개인이 만든 사회적 관계들이 병행하는 이중적 과정으로 보았습니다.

실력 다지기 에릭슨의 심리사회적 발달단계

심리사회적 위기	시기	쟁점	자아 특질	주된 대상
신뢰감 대 불신감	유아기 (출생~18개월)	희망과 자신감이 생긴다.	희망	어머니
자율성 대 수치심	초기아동기 (18개월~3세)	의지가 생긴다.	의지	부모
주도성 대 죄의식	학령전기 (3~6세)	목표, 도덕적 개념이 생기고 초자아가 가장 많이 형성된다.	목적	가족
근면성 대 열등감	학령기 (6~12세)	학습과 행동 강화 능력이 생긴다.	능력	이웃, 학교
정체감 형성대 정체감 혼란	청소년기 (12~22세)	주체성이 생기고 허무, 무력감이 생겨 일탈행위로 발전하기도 한다.	성실	또래집단
친밀감 대 고립감	청년기 (22~35세)	사랑할 수 있는 능력이 생긴다.	사랑	우정, 경쟁 대상자
생산성 대 침체감	중년기 (35~65세)	부양 의무가 있다.	배려	직장, 확대가족
자아통합 대 절망감	노년기 (65세 이후~)	지혜가 생긴다.	지혜	인류, 동족

141 반두라의 관찰학습 과정에 대하여 설명하라.

모범답변 관찰학습이란 인간이 단순한 환경적 자극에 의존하는 반응이 아니라 타인들의 행동을 관찰함으로써 학습한다는 의미입니다. 과정은 주의집중 단계, 파지단계, 운동재생 단계, 동기화 단계를 거칩니다.

142 '회복적 사법제도'에 대하여 설명하라.

모범답변 '회복적 사법제도'는 피해자와 가해자 또는 지역사회 구성원, 사법기관 관련자 등 범죄사건 관련자들이 화해와 조정을 통한 사건해결 과정에 능동적으로 참여하여 피해자 또는 지역사회의 손실을 복구하고 관련 당사자들의 재통합을 추구하는 일체의 범죄대응 형식을 말합니다.

143 '일진 경보제'에 대하여 설명하라.

모범답변 일진 경보제는 폭력적이고 위압적인 소모임의 존재 여부, 또래집단 간 싸움 여부, 등교 공포로 인한 결석여부 등을 확인해 한 학교에서 일정 수준 이상의 위험이 감지될 경우 일진 경보를 작동시켜 관련기관이 피해사실을 전수조사하는 등의 조치를 말합니다.

144 '자유학기제'와 문제점에 대하여 설명하라.

모범답변 자유학기제는 중학교 한 학기 동안 중간고사와 기말고사의 시험부담을 크게 줄이고 진로체험 등의 교육을 집중 실시하겠다는 정책입니다. 이에 대한 문제점으로는 입시위주의 교육환경과 성적위주의 경쟁주의 학업환경에서는 오히려 사교육을 더 부채질할 수 있으며, 교육환경을 더 어렵게 할 수 있다는 견해가 많습니다.

145 학교 정화구역 무용론에 대하여 설명하라.

- 자신의 지역적 특색에 맞게 잘 비유해서 설명하는 것 필요함

모범답변 학교 정화구역 무용론은 청소년 유해구역 지정에도 불구하고, 기존의 건물과 법률의 허술한 부분을 이용하여 학교 부근 정화구역 내에 술집과 모텔 등 각종 유해 업소들이 난립하고 있는 현실에서 비롯되었습니다.

146 '청소년 멀티방'에 대하여 설명하라.

모범답변 청소년 멀티방은 넓이 16~20제곱미터(m²)가량의 방 안에 컴퓨터, 텔레비전, 노래방, 게임기구 등이 설치되어 있는 복합놀이공간입니다. 기존의 플스방(플레이 스테이션 방), 노래방, PC방과 같은 각종 놀이시설이 합쳐진 형태라고 말할 수 있습니다. 그러나 정부는 2012년에 만 19세 미만 청소년의 멀티방 출입을 전면 금지하였습니다. 멀티방은 폐쇄된 공간인데다가 블라인드 처리가 된 곳도 있어 청소년이 들어가면 사실상 탈선에서 보호할 장치가 없다는 것이 출입금지의 이유였습니다.

147. '그린푸드존'과 '길티플레저(guilty pleasure)'에 대하여 설명하라.

모범답변 그린푸드존은 초·중·고교 주변 200m 지역에서 어린이 유해 식품이나 불량식품 판매를 금지하는 식품안전보호구역을 의미합니다. 어린이 성장에 유해한 불량 식품이나 당도가 높은 탄산음료의 판매를 제한하는 것으로 그동안 학교 앞 문구점 등에서 무분별하게 판매되어 오던 다양한 불량식품에 대하여 식품안전을 확보하겠다는 적극적인 조치라고 할 수 있습니다. 그린푸드존에서 제한하는 '길티플레저(guilty pleasure)'란, 탄산음료, 인스턴트 식품을 말합니다. 여기서 말하는 길티플레저(guilty pleasure)는 건강을 방해하는 식품으로 멀리해야 하지만, 입맛을 강하게 유혹하여 자꾸 손이 가서 죄책감을 가지고 계속 가까이 하게 되는 음식을 뜻합니다.

148. 청소년 체험캠프 사전 허가제에 대하여 설명하라.

모범답변 충남 태안의 무허가 해병대 사설 체험캠프장에서 생긴 5명의 청소년 사망사고로 인해 정부가 안전 체험캠프에 대한 대책의 일환으로 도입된 제도입니다.

149. SOS 국민안심 서비스에 대하여 설명하라.

모범답변 SOS 국민안심 서비스는 미성년자, 여성 등 약한 사람들을 대상으로 행정안전부와 경찰청의 지원으로 진행되는 서비스로서, 미성년자, 여성의 납치, 성범죄 등 위험한 상황에서 휴대폰 등으로 말없이 신고하더라도 경찰이 신고자의 신원과 위치를 확인하여, 즉시 출동하여 구조해주는 시스템입니다.

150. 돌봄교실에 대하여 설명하라.

모범답변 돌봄교실은 초등학교 온돌 바닥에 좌식 책걸상이 놓여 있는, 아늑하게 꾸며진 공간에서 돌봄교사가 방과 후 돌봄이 필요한 아이들을 보육하는 곳입니다. 돌봄교실은 2004년 초등보육교실로 시작하여, 2011년 '엄마품 온종일 돌봄교실'로 명칭이 바뀌면서 등교 전(아침 돌봄)과 오후 5시 이후(저녁 돌봄)도 생겼습니다.

151 학교폭력이 발생하였을 때 청소년지도사로서 어떻게 대처할 것인가?

모범답변 제가 근무하는 곳에서 학교폭력이 발생하였을 때 우선 안전을 고려하여, 먼저 폭력 피해자와 주변 학생들이 안전하도록 조치를 취하겠습니다. 학교폭력의 경우 피해의 정도를 파악하여 추후 폭력예방 대책을 마련하고, 청소년상담지도를 통해 상처를 치유할 수 있도록 최선을 다할 것입니다. 마지막으로 폭력 가해자와 피해자, 그리고 그 가족에게 도움을 줄 수 있는 지역사회 자원을 지속적으로 연계(청소년 안전망 활용)하여 2차 피해를 예방하고 건강하게 학교생활을 할 수 있도록 돕겠습니다.

152 따돌림 생중계에 대하여 설명하고 이에 대한 대처방안에 대하여 설명하라.

모범답변 따돌림 생중계란 실제 따돌림을 당하거나 폭행을 당하는 장면을 스마트 폰으로 촬영하여 카톡방에 올리거나 다른 친구들에게 전달하는 학교폭력으로써, 청소년 집단 따돌림(사이버 불링)의 한 유형입니다. 이에 대한 대처 방안은 집단 따돌림은 명백한 범죄라는 것을 분명히 인식을 시키는 것이 필요합니다. 집단 따돌림을 당했을 경우 피해자가 명예 훼손으로 고소를 할 수 있으며, 3년 이하의 징역 또는 2,000만원 이하의 벌금형에 처해질 수 있다는 것을 이야기하고 동조자도 똑같이 처벌을 받을 수 있음을 알리는 것이 필요합니다.

153 '코드 아담제도'에 대하여 설명하라.

모범답변 미국 백화점에서 실종되어 살해 된 코드 아담(6세) 사건으로 시작된 실종아동에 대한 신속한 대응제도입니다. 실종아동 발생 시 다중운집 시설(대규모 점포, 박물관, 유원지, 지역 축제장, 지하철이나 기차역, 버스나 공항 등)에서 실종발생 초기 단계에 체계적인 모든 역량을 동원해, 조속한 발견을 위해 노력하도록 의무화하는 제도입니다.

154 '파워블로거지'에 대하여 설명하라.

모범답변 파워블로거와 거지를 합친 합성어로, 파워블로거의 명성을 이용하여 관련 업체로부터 향응을 접대 받거나 요구하는 행태를 꼬집는 신종 언어입니다.

155 '잉여인간'에 대하여 설명하라.

모범답변 '남아도는 사람'이라는 뜻으로, 세상에 꼭 필요한 사람이 아닌 쓸모없는 사람을 이르는 말입니다. 심각한 청년실업 등의 문제로 인한 청년실업자, 비정규직과 아르바이트를 전전하는 청년들이 스스로를 지칭하는 단어입니다.

156 '보라 데이(day)'에 대하여 설명하라.

모범답변 여성가족부가 '이웃과 주변의 가정폭력 및 아동학대에 대하여 잘 들여다보면서 가정폭력과 아동학대를 예방하자'는 취지로 정한 날입니다. 2014년 8월부터 매달 8일이 보라 데이입니다.

157 '3포 세대'와 '3불 정책'에 대하여 설명하라.

모범답변 3포 세대는 결혼 포기, 출산 포기, 취업을 포기한 세대를 말하며 3불 정책이란 말 그대로 세 가지를 반대하는 정책, 즉 고교등급제와 본고사제도, 기여입학제를 금지하는 것을 말합니다.

> **실력 다지기 7포 세대**
> 취업·결혼·출산을 포기한 '3포 세대'에 이어 내집 마련과 인간관계까지 포기한 '5포 세대'란 말이 등장하더니 '꿈'과 '희망'까지 놓아버린 것이 '7포 세대'의 개념이다.

158 문화의 유형 중 준거문화, 대항문화, 대안문화, 하위문화에 대해 설명하라.

모범답변 준거문화(standard culture)는 보편성이 널리 인정되는 주류 문화이며 대항문화(counter culture)는 준거문화에 반동적인 성격의 문화를 말합니다. 대안문화(alternative culture)는 지향하는 목표와 내용이 준거문화와 크게 다르지 않으나 방법상 이질적인 문화이며 하위문화(subculture)는 문화 자체의 독자성이 아직 성숙되지 못하거나 성숙 중인 문화를 말합니다.

159 대중문화의 개념에서 매스컬쳐(mass culture)와 파퓰라 컬쳐(popular culture)란 무엇인가?

모범답변 매스컬쳐는 불특정 다수에 의해 향유되는 문화이며 파퓰라 컬쳐는 다수에 의해 일반적으로 동의되면서 인기가 있는 문화로써, 대중문화의 민주적 성격에 대한 기대와 희망이 담겨있습니다.

160 청소년기 대중스타 수용경험이 갖는 긍정적 기능과 부정적 기능에 대하여 설명하라.

모범답변 청소년기 대중스타 수용경험이 갖는 긍정적 기능은 자아정체감 및 집단적 정체감, 소속감의 형성과 함께 다양한 문화적 경험을 할 수 있는 기회 제공, 스트레스 및 현실 불만 해소의 기능이 있다는 것입니다. 반면, 부정적 기능은 지나친 수용과 의존적 경향은 다른 발달과업에도 지장을 초래하고 문화산업이 갖는 상업성의 희생자가 되기 쉽다는 것입니다.

161 영상매체가 청소년에게 미치는 부정적 영향에 대하여 설명하라.

모범답변 영상매체가 청소년에게 미치는 부정적 영향은 이성적 판단능력이 부족한 청소년들은 영상매체를 통해 제공되는 정보들을 무비판적으로 받아들이고 영상 속의 허상을 실제 사실인 것으로 받아들이거나 이를 모방할 위험이 있다는 점입니다. 특히 음란성, 폭력성의 정보에 노출될 경우, 성에 대한 잘못된 가치관과 반사회적 행동을 유발할 수 있다는 문제점이 있습니다.

162 청소년기의 대표적인 방어기제로, 금욕주의와 주지화(지성화)에 대하여 설명하라.

모범답변 금욕주의는 무의식적으로 성적 욕구 등 본능적 욕구의 존재 자체를 거부하는 것으로서, 성적 충동을 느끼거나 성에 대한 관심에 대해 지나치게 두려워하여 이와 관련된 활동에 참여하기를 거부하는 것입니다. 주지화는 종교, 철학, 문화 등 지적활동에 몰입함으로써, 성적 욕망에서 벗어나려고 하는 것입니다.

163 스턴버그(Sternberg)의 사랑의 3요소에 대하여 설명하라.

모범답변 스턴버그(Sternberg)의 사랑의 3요소는 친밀감, 열정, 그리고 결심·헌신입니다. 친밀감은 사랑하는 관계에서 나타나는 가깝고, 연결되어 있고, 결합되어 있다는 느낌을 말합니다. 열정은 사랑하는 관계에서 낭만, 신체적 매력, 성적인 몰입 같은 것들로 이끄는 욕망을 말합니다. 마지막으로 결심/헌신 요소는 두 가지 측면으로 구성되어 있는데, 하나는 단기적인 것, 다른 하나는 장기적인 것입니다. 단기적인 것은 어떤 사람을 사랑하기로 하는 결심을 말하며 장기적인 것은 그 사랑을 지속시키는 헌신을 말합니다.

164 바람직한 청소년 여가의 지원방향에 대하여 설명하라.

모범답변 바람직한 청소년 여가의 지원방향을 3가지로 말씀드리겠습니다. 첫째, 청소년 전용의 여가 공간 및 시설 확충과 지역단위 여가 공간 및 시설 확충입니다. 둘째, 수련시설의 활성화 및 여가 프로그램 활성화와 지역단위 청소년 동아리활동 및 청소년 축제 지원을 확대하는 것입니다. 마지막으로 소외청소년의 여가 지원과 청소년 문화, 예술활동을 지원하는 것입니다.

165 청소년 소비문화에 대한 3가지 관점에 대하여 설명하라.

모범답변 청소년 소비문화에 대한 3가지 관점은 생산 주도적 소비문화론, 쾌락주의적 소비문화론, 소비양식론입니다. 생산 주도적 소비문화론은 생산적인 기제(매커니즘)에 의해 소비문화를 형성하는 것입니다. 쾌락주의적 소비문화론은 말 그대로 소비자의 감각적 쾌락, 상상적 즐거움에 의해 소비문화를 형성하는 것입니다. 소비양식론은 사회적 지위 표현기제로서의 소비나 과시적 소비문화를 형성하는 것입니다.

166 청소년 소비문화의 특성에 대하여 설명하라.

모범답변 청소년 소비문화의 특성을 3가지로 말씀드리겠습니다. 첫째, 청소년에게 광고와 영상매체는 소비문화의 확산기제로 작용합니다. 둘째, 즉흥적·충동적 소비경향에 의한 신상품 소비가 이루어집니다. 마지막으로 청소년이 경제적 능력의 부족으로 인한 가족과의 갈등, 범죄의 유혹 등의 문제가 발생할 수 있다는 점입니다.

167 사이버문화의 특성에 대하여 설명하라.

모범답변 사이버문화의 특성은 대면적인 접촉이 없는 익명성의 문화, 자발적인 참여에 위한 개방성과 다양성의 문화, 가상공간에서 이루어지는 초월성과 가상성의 문화, SNS와 같은 파급력을 가지고 있는 연결성과 전파성의 문화 등이 있습니다.

168. 사이버공간이 청소년에게 미치는 긍정적 영향에 대하여 설명하라.

모범답변 사이버공간이 청소년에게 미치는 긍정적 영향을 3가지로 말씀드리겠습니다. 첫째, 사이버공간은 청소년들이 능동적이고 새로운 경험을 하며 변화를 모색할 수 있는 공간입니다. 둘째, 사이버공간은 입시 위주의 교육과 반복되고 지루한 생활, 심신을 달래줄 여가생활의 부족 등으로 고통을 느끼고 있는 청소년들에게 자유롭게 자신의 의견을 거침없이 표현하는 장입니다. 마지막으로 현실에서의 소외와 좌절감을 분출할 수 있는 공간입니다.

169. 사이버공간의 부정적 측면과 바람직한 사이버문화의 정착방향에 대해 설명하라.

모범답변 사이버공간의 부정적 측면은 인터넷 중독의 위험, 사이버공간에서 접하는 정보나 사람의 유해성, 익명성으로 인한 일탈행위의 위험 등이 있습니다. 바람직한 사이버문화의 정착방향으로는 사이버공간은 자율적인 대안공간이 되어야 하며 사이버공간은 시·공간적인 제약을 극복하는 소통의 공간, 정서적 교류의 공간이 되어야 합니다.

170. 어려운 청소년(약물 중독, 인터넷 중독, 장애아, 북한이탈 청소년 등)의 대책에 대하여 설명하라.

모범답변 어려움에 처한 청소년들은 개인의 문제가 아니라, 가족 안에서의 문제를 비롯하여 지역사회의 문제, 더 나아가서는 현 시대의 국가적 문제로 초점을 맞추어 접근을 하여야 합니다. 제가 생각하는 대책으로는 청소년이나 부모를 대상으로 하는 가정교육과 부모교육을 통한 접근이 있습니다. 그리고 지역사회의 자원의 적극적인 연계와 협력으로 지역사회에서 어려운 청소년이 소외되지 않도록 청소년 지도활동을 적극적으로 전개하여야 합니다.

171. 청소년 은어나 비속어에 관한 문제점에 대하여 설명하라.

모범답변 청소년 은어나 비속어에 관한 문제점은 자칫 의사소통의 단절의 문제점으로 이어질 것입니다. 은어나 비속어는 서로 어울리는 집단원끼리만 통하는 말이기 때문에 집단이 아닌 다른 사람과는 의사소통이 어려워져 은어를 잘 모르는 사람은 자연스럽게 그 집단에서 따돌림도 받을 수 있을 것입니다.

172 조손(祖孫)가정 청소년들에 대한 개입을 설명하라.

모범답변 조손가정의 청소년이란 할머니, 할아버지와 함께 사는 청소년의 가정을 말합니다. 조손가정 청소년의 환경은 일반가정과는 다른 환경에서 자랄 수밖에 없습니다. 친부모님의 빈자리를 조부모가 모두 채워줄 수는 없겠지만, 조손가정의 청소년들에게 일반가정에서만큼의 지지와 관심을 보여주어야 합니다. 그리고 조손가정 청소년들의 욕구를 파악하여 그에 적합한 복지서비스를 개별적으로 제공하고 이들의 건강한 성장을 위한 지도활동이 이루어져야 합니다.

173 가정 밖 청소년이 있다고 가정하고, 부모가 애타게 찾고 있는데 어떻게 찾을 수 있도록 돕겠는가?

모범답변 우선 가장 중요한 기관은 인근 경찰서(112)와 가정 밖 청소년이 갈 만한 지역의 청소년쉼터를 통해 가정 밖 청소년의 소재를 파악하는 것이 필요합니다. 그리고 가정 밖 청소년과 친한 관계를 맺었던 학교 친구들을 대상으로 면담을 하여 소재를 파악하는 것도 생각해볼 수 있을 것입니다. 한 마디로, 사회적인 네트워크를 활용하여 가정 밖 청소년의 소재를 파악하는 노력을 할 것입니다.

174 경찰이 15명의 청소년 폭주족을 검거했다. 이 폭주족들을 본인이 지도하게 된다면 어떻게 할 것인가?

모범답변 우선 폭주족 청소년들의 자기중심성을 파악해 볼 필요가 있을 것입니다. 지나친 자의식으로 인한 개인적 우화 현상의 하나로, 왜 폭주족이 되었는지의 상황파악이 필요합니다. 여러 가지 차원에서 그 원인과 동기를 파악하여 청소년들의 인성 계발과 함께 현실검증으로 자아중심성에서 벗어날 수 있도록 꾸준히 지도하고 면담하겠습니다.

175 인터넷 악플문제가 심각한데, 지도사로서 대처방안에 대하여 설명하라.

모범답변 저는 악플의 문제를 개선하고자 선플 운동을 SNS상에 펼치고 싶습니다. 악플로 인해 상대방, 특히 청소년들이 얼마나 상처를 받고 어떠한 피해를 받았는지에 대한 사례를 소개하여 악플에 대한 경각심을 불러일으키고 싶습니다. 이러한 자연스러운 온라인상 교육을 통해 악플의 폐단과 선플의 필요성을 전파하는 등 인터넷상에서 폭넓은 소통을 해보겠습니다.

176 생활권 청소년수련시설에는 청소년운영위원회가 있는데, 이를 활성화할 수 있는 방법에 대하여 설명하라.

모범답변 생활권 청소년수련시설에 청소년운영위원회가 있습니다. 청소년운영위원회는 생활권 청소년수련시설의 운영 및 프로그램 등을 청소년들이 직접 자문·평가하도록 함으로써 청소년의 수요와 의견을 반영하는 청소년이 주인이 되는 시설이 되도록 하기 위해 설치한 위원회를 말합니다. 청소년운영위원회의 활성화는 청소년의 자기주도적인 참여로 가능합니다. 물론 청소년지도사의 역할도 중요합니다. 청소년지도사가 주도적으로 이끌어가며 청소년들이 기계적으로 따라가는 방식은 문제가 많습니다. 청소년운영위원회에 참여하는 청소년들의 자발적인 참여와 창의적인 방안의 제안은 생활권 청소년수련시설을 살찌게 할 것입니다.

177 '스마트 불링(bulling, 상대방을 괴롭히는)'의 개념과 그 영향에 대해 설명하라.

모범답변 '스마트 폰을 이용한 신종 왕따'로 카카오톡을 이용해서, 단체 또는 개인들이 익명의 문자 메시지로 심한 욕설과 인신공격을 하는 것을 말합니다. 스마트 불링을 당하는 친구들은 등교 거부와 불안, 수면장애 등의 심각한 후유증을 겪게 되며, 심한 경우는 자살을 시도하기도 합니다.

178 청소년수련활동 인증프로그램 유형에 대해 설명하라.

모범답변 청소년수련활동 인증프로그램 유형을 3가지로 말씀드리겠습니다. 첫째, 정기형은 일상생활이 이루어지는 시간대에 1회 3시간 이상 당일 또는 일정기간 정기적으로 이루어지는 비숙박 활동입니다. 둘째, 숙박형은 숙박시설을 갖춘 활동장소에서 1일 이상 숙박을 하며 참여하는 활동입니다. 셋째, 이동형은 활동내용에 따라 선정된 활동장소를 이동하면서 숙박하는 일정에 따라 수행하는 활동입니다.

179 헌법상 청소년과 관련된 '포괄적 기본권'에 대해 설명하라.

모범답변 헌법상 청소년과 관련된 '포괄적 기본권'은 인간의 존엄 및 가치, 행복추구권, 평등권, 자유권이 있습니다. 따라서 헌법상 청소년과 관련된 '포괄적 기본권'에는 인간의 존엄 및 가치와 청소년, 행복추구권과 청소년, 평등권과 청소년, 자유권적 기본권과 청소년이 있습니다.

180 청소년복지에 관한 법률 5가지는?

모범답변 청소년복지에 관한 법률은 청소년복지에 관한 기본법적 성격을 규정한 청소년기본법, 청소년 복지에 관한 특별법적 성격으로 청소년복지지원과 관련된 청소년복지지원법, 18세 미만의 아동에 관한 복지를 규정한 아동복지법, 한부모가정의 18세 미만의 아동의 복지를 규정한 한부모가족지원법, 연소자의 근로를 보호하기 위한 노동복지의 근로기준법이 있습니다.

181 플랫폼 리더십(애플 사례) 4가지 핵심요소 전략에 대해 설명하라.

모범답변 플랫폼이란 다양한 용도에 공통적으로 활용하기 위해 특정 목적이나 작업 프로세스를 표준화하여 접근성 및 효율성 등을 향상시키는 유무형의 구조물입니다. 플랫폼 리더십(애플 사례) 4가지 핵심요소 전략은 범위, 기술, 관계, 조직입니다. 범위는 기업 내부에서 무엇을 해야 할지, 또는 다른 기업들에 무슨 일을 하도록 허용할지에 대한 것입니다. 기술은 시스템이 어떻게 기능하며 지적재산권 소유권이 누구에게 있는지의 문제를 다룹니다. 관계는 다른 기업들과의 관계가 협조적인지 경쟁적인지와 관계되며 조직은 기업에서 다른 3가지 요소를 지원하는 내부구조가 어떻게 형성되어 있는지와 관련됩니다.

182 청소년 정책의 형성과 평가과정에 대해 설명하라.

모범답변 청소년 정책의 형성과 평가과정은 우선 의제의 형성과정이 1차적으로 필요합니다. 문제를 인식하고 이를 이슈화하여 공공의제에 이어 정책의제로 발전하게 되는 것이 의제의 형성과정입니다. 그 이후 정책의제로 받아들인 정부가 대안을 수립하여 여러 대안들에 대한 평가를 통해 정책을 결정합니다. 결정된 정책을 집행한 다음에는 정책평가에 의한 환류가 이루어집니다.

183 청소년 희망세상 3H에 대해 설명하라.

모범답변 청소년 희망세상 3H는 행복의 Happiness와 건강의 Health, 그리고 대한민국 청소년은 세계의 주역이라는 Hub가 있습니다.

184 '아이돌고시'에 대해 설명하라.

모범답변 청소년들은 연예인이 되기 위해서 각종 학원에 등록해서 노래와 춤, 연기를 공부하는데 이를 두고 '아이돌고시'라고 합니다. 청소년들은 연예기획사의 오디션에 합격하기 위해 학교공부를 등한시하며, 오디션 준비에만 열을 올리는 세태를 풍자하는 단어입니다. TV의 각종 오디션 프로그램을 통과하는 과정이 사법고시 합격에 버금간다고 하여 사용되는 용어입니다.

185 '유령 진동증후군'에 대해 설명하라.

모범답변 '유령 진동증후군'은 스마트폰이 울리지 않았는데도 진동을 느끼는 유령진동증후군(팬텀 바이브레이션 신드롬, phantom vibration syndrome)을 말합니다. 최근에는 이러한 증후군을 호소하는 사람들이 늘고 있으며 이러한 스마트폰 중독 현상은 나이가 어릴수록 더 높게 나타나고 있습니다. 환청, 환시 등의 현상이 심해질 경우 불안장애로 악화되는 경우가 있으며 특히 청소년의 경우에는 부모와의 관계 전환 등 보다 근본적인 변화가 있어야 합니다.

186 '열쇠청소년'에 대한 개념과 문제점에 대한 대안을 설명하라.

모범답변 열쇠청소년이란 맞벌이 가정의 청소년을 표현하는 것으로, 직접 열쇠로 문을 열고 집으로 들어가는 것을 일컫는 말입니다. 열쇠청소년들의 문제점은 부모와의 상호작용을 할 수 있는 시간과 공간의 미흡으로 인해 여러 유해환경에 노출될 가능성이 높다는 것입니다. 대안으로는 맞벌이 부모님의 퇴근 시간 때까지 청소년들에게 공적 교육을 제공할 수 있는 시스템의 마련이 중요합니다. 그리고 지역사회 자원을 활용하여 청소년들이 건전하게 여러 활동에 참여할 수 있도록 지원하는 것이 좋습니다.

187 청소년 '가출 팸'에 대해 설명하라.

모범답변 청소년 '가출 팸'이란, '가출한 청소년 패밀리'를 뜻하는 말로써, 함께 모여 지내는 가정 밖 청소년 집단을 말합니다. 이는 처음에 가출한 청소년들이 서로의 처지를 위안 받고 돕기 위해 시작되었으나, 청소년 '가출 팸'은 점차 변질되어서 금품 갈취나, 성매매 강요 등 청소년 범죄를 일으키며 사회적 문제로 대두되고 있습니다.

188. '니트족'에 대해 설명하라.

모범답변 '니트족'은 일 할 수 있는 능력이 충분히 있지만, 일자리를 찾으려 하지 않는 사람을 말합니다. 니트 족이 생기는 원인은 부모의 양육태도와 청소년이 뚜렷한 목표와 전문지식이 없으면서 취업 기대치는 높기 때문입니다. 이러한 청소년은 어릴 때부터 스스로 할 수 있는 문제해결능력을 길러주며, 여러 자원봉사활동을 통해 많은 경험을 갖도록 하여 목표의식을 갖도록 하는 것이 중요합니다.

189. '욜로족'에 대해 설명하라.

모범답변 'You Only Live Once(한 번뿐인 인생)'의 약자로서, 한 번뿐인 인생에서 기회를 놓치지 말고 현재를 즐기며 살아야 한다는 의미가 있다. 현재를 즐기며 사는 태도를 일컫는 신조어다. 현재를 중시하는 20·30 세대의 가치관이 욜로 문화로 나타났다고 보는 시각도 있다. 전 세계적으로 저성장 기조가 장기화하면서 미래를 준비하기보다 오늘에 집중하려는 태도가 20·30세대를 중심으로 자리잡았기 때문이다. 오늘의 즐거움보다 미래를 위해 투자했던 기성세대와는 다른 삶의 방식이다. 즉, 아끼고 모아 부자가 되는 시대는 지났으며 지금 가진 것으로 삶을 풍요롭게 만들겠다는 태도의 변화가 '욜로 라이프'에 반영되었다는 것이다.

기타 청소년 관련 용어 모음

1) **티핑포인트(Tipping Point)**
   예상하지 못한 일이 한꺼번에 몰아 닥치는 극적인 변화의 순간이다. 인기가 없던 제품이 어떤 일을 계기로 폭발적인 인기를 끌게 되는 극적인 순간이 바로 티핑포인트이다.

2) **알파걸**
   미국 하버드대 아동심리학과 댄 킨들러 교수가 처음 정의한 개념으로, 남자와 여자가 동등한 위치에 있다는 것을 당연하게 여기는 첫 번째 세대라는 뜻으로 알파(α)를 사용했다. 즉, 알파걸이란 공부, 운동, 리더십 등 다양한 방면에서 남자를 능가하고, 사회적 출세와 성공적인 재테크를 중요시 여기며, 학교나 직장에서 당당하고 적극적인 태도를 가진 여성을 지칭하는 말이다.

3) **기여입학제**
   대학의 발전에 일정 수준 이상 기여한 사람의 직계자손을 학교에 입학시키는 제도이다. 그리고 그 기부금을 학교 발전과 학생들을 위한 장학금으로 지급한다는 것이 기본 취지이다. 그러나 부모의 경제적 능력으로 자녀의 입학 여부가 결정되는 것은 교육 기회 균등 원칙에 위배된다는 비판도 있다.

4) **UCC : User Created Contents 혹은 사용자 제작 콘텐츠**
   전문가 집단, 즉 기존 미디어가 생산한 콘텐츠를 일방적으로 제공 받던 사용자가 적극적으로 콘텐츠 제작에 참여하는 것이다. 웹 2.0이라는 용어도 생겨났다. 웹 2.0은 인터넷을 사용하는 사람 모두가 생산자이자, 주인공이 되면서 콘텐츠의 지배구조가 바뀌는 환경을 말한다.

5) **네티건**
   '네티즌과 훌리건'을 합친 인터넷 신조어로써, 인터넷상에서 공격적이고 과격한 글, 혹은 악성댓글을 달아 특정 집단이나 사안을 무조건적으로 옹호하거나 비판하는 사람들이다.

6) 다운시프트족
경쟁과 속도에서 벗어나 여유 있는 자기만족적 삶을 추구하고 있는 사람들이다.

7) 미포머
블로그, 미니홈피, 트위터, 페이스북 등 소셜네트워크에 자기 사생활과 즉흥적인 감정 등을 올리는 네티즌들이며 '나를(me) 알리는(informer)'데만 열중하는 부류라는 뜻을 담고 있다.

8) 영상 단말기 증후군(Visual Display Terminal : VDT)
컴퓨터 사용시간 증가로 인한 척추측만증이나 거북목, 손목 통증, 안구건조, 수면부족 등 건강에 악영향을 주는 신체증상들을 말한다.

9) 프리타족
'프리타족'은 '프리랜스와 아르바이트'를 합성한 단어로써, 일정한 직업 없이 아르바이트를 통해 돈을 버는 사람을 말합니다. 긍정적 측면은 아르바이트 현장경험을 통해 사회생활의 시행착오를 줄여 자신감을 가지고 사회에 진출할 수 있는 디딤돌이 될 수 있다는 것입니다. 반면, 부정적 측면은 돈을 벌어 취미활동이나 유흥문화에 수입의 대부분을 지출하는 계획성이 없는 사람이 될 수도 있다는 것입니다.

190 청소년프로그램 개발의 개념과 과정은?

모범답변 청소년프로그램 개발은 청소년과 청소년기관의 공동의 노력을 통해, 정보와 자원을 획득하고, 이들을 일정한 절차와 순서에 따라 프로그램의 형태로 설계하고, 그 프로그램을 학습자에게 제공하여, 최종적으로 그 효과를 평가한 후, 프로그램을 수정하는 일련의 과정을 말합니다. 그 과정을 간단히 설명하면, 프로그램 기획(program planning) - 프로그램 설계(program design) - 프로그램 마케팅(program marketing) - 프로그램 실행(program implementation) - 프로그램 평가(program evaluation)입니다.

191 청소년활동에 대한 공모전에 공모하게 된다면 무엇을 하고 싶은가?

모범답변 저는 청소년활동 중 문화 활동과 관련하여 지역사회 문화예술 교육 활성화 프로그램을 공모하고 싶습니다. 프로그램 공모의 이유는 사회취약계층의 청소년들이 삶의 즐거움을 찾고 긍정의 에너지를 발산할 수 있도록 일상 속 문화 활동과 저소득층 청소년들에게 양질의 음악 관련 문화예술교육을 실시함으로써 문화자본을 쌓을 수 있는 기반을 제공할 필요가 있다고 생각하기 때문입니다.

192. 청소년동반자 프로그램에서 청소년지도사의 역할은?

모범답변 청소년동반자 프로그램은 청소년동반자들이 위기청소년에게 각종 상담, 심리·정서적 지지, 자활지원, 학습·진로 지도, 문화체험 등을 제공하는 역할을 하고 있습니다. 따라서 청소년 지도사는 기본적인 상담과 아울러 문화체험 등을 통한 청소년 활동과 관련된 역할을 전문적으로 수행함으로 위기청소년이 위기로부터 벗어나며, 참여활동으로 성장할 수 있는 계기가 될 수 있도록 전문가들과 협력하여야 합니다.

193. 청소년육성제도의 문제점은?

모범답변 청소년육성제도란 청소년정책의 수립, 정책을 위한 행정조직·기구 등의 청소년육성 및 보호업무 체계와 청소년기본법과 관계법령 등의 법제 및 청소년육성을 위해 지속성을 갖고 계속적·장기적으로 시행되는 정책사업을 포함하는 개념입니다.

청소년육성제도의 문제점은 첫째, 청소년육성정책은 아직도 청소년 자신보다는 청소년시설이나 청소년단체, 청소년지도자의 인식과 사업 마인드에 의해 실행되어 온 점이다. 둘째, 청소년활동정책 중에는 청소년의 인성교육의 발달과 청소년관련활동의 증진을 도모하기 위해서는 청소년 자원봉사활동과 관련된 조항이 약화되어 있다는 점이다.

해결방안으로는 청소년을 통합적으로 인식하고 이들의 욕구에 부합하는 서비스를 조정·지원하는 의미로 청소년정책을 통합시켜야 하며, 청소년의 인성교육의 발달과 청소년관련활동의 증진을 도모하기 위해서는 청소년 자원봉사활동과 관련된 조항을 강화하여야 한다.

194. 청소년육성전담공무원에 대해 아는 대로 말해보라.

모범답변 청소년육성전담공무원은 청소년기본법 제25조 규정에 의한 것으로, 시·도, 시·군·구 및 읍·면·동 또는 청소년육성 전담기구에 청소년육성 전담공무원을 둘 수 있으며, 청소년육성 전담공무원은 청소년지도사 또는 청소년상담사의 자격을 가진 사람으로 하고, 청소년육성 전담공무원은 관할구역의 청소년과 청소년지도자 등에 대하여 그 실태를 파악하고 필요한 지도를 하여야 한다고 알고 있습니다.

195 청소년지도사의 지도원리는?

- 후속질문에 대비(아래 '실력다지기' 참고)

모범답변 청소년지도사의 지도원리는 존중의 원리, 청소년 자기주도의 원리, 활동중심의 원리, 맥락의 원리, 다양성의 원리, 협동성의 원리, 창의성의 원리, 효율성의 원리, 전인성의 원리가 있습니다.

실력다지기 | 청소년지도방법의 원리

1) **존중의 원리**
   존중의 원리는 청소년의 인격과 자율성을 귀중하게 대하는 것이며 청소년지도에 있어서 항상 청소년의 인격을 존중하고 기본적인 예의를 지켜야 한다.

2) **청소년 자기주도의 원리**
   자기주도의 원리는 청소년지도방법에 있어서 청소년이 활동의 주체가 되어 적극적으로 참여하고 활동의 목적, 내용, 시기, 속도 등을 선택하고 결정할 수 있도록 하는 것이다.

3) **활동중심의 원리(체험성의 원리)**
   활동중심의 원리는 청소년지도방법에 있어서 청소년의 실천적 행위와 체험이 중심이 되어야 함을 의미한다.

4) **맥락의 원리**
   맥락의 원리는 청소년지도방법에서 청소년이 처한 삶의 상황과 관계를 총체적으로 고려하여 청소년을 이해하고 그 삶의 맥락에 적합한 방법을 구성하여 적용하여야 함을 의미한다.

5) **다양성의 원리**
   다양성의 원리는 청소년의 다양한 차이와 요구를 감안하여 이에 적합한 청소년지도방법을 모색해야 함을 의미한다.

6) **협동성의 원리**
   협동성의 원리는 청소년지도방법의 계획과 실행에서 청소년 상호 간의 유기적인 협력이 이루어질 수 있어야 함을 의미한다.

7) **창의성의 원리**
   창의성의 원리는 청소년지도방법에서 창의적인 방법의 계발, 청소년의 창의적인 능력 함양을 고려해야 하는 것을 의미한다.

8) **효율성의 원리**
   효율성의 원리는 청소년지도방법에서 효과성과 능률성을 염두에 두어야 한다는 것을 의미한다.

9) **전인성의 원리**
   전인성의 원리는 청소년들의 인지적, 정의적, 기능적 특성이 통합될 수 있도록 계획되고 실천되어야 한다는 것을 의미한다.

196 수련활동 중 청소년이 안전사고가 나면 어떻게 처리하겠는가?

모범답변 청소년에게 안전사고가 나면 응급상황이므로 가장 먼저 119에 도움을 요청하며, 주위의 동료들과 힘을 합쳐서 응급조치를 취해 위험의 최소화에 힘을 기울이겠습니다.

197 여성가족부의 가족정책에 대해 간단히 설명하라.

모범답변

1. 여러 가지 가족정책이 있지만, 청소년과 관련된 가족정책을 말씀드리자면, 청소년한부모 자립지원 정책이 있습니다.
2. 이는 24세 이하 청소년한부모에게 아동양육비, 검정고시학습비, 자립촉진수당 등을 지원하여 조기 자립 할 수 있도록 지원해주는 정책입니다.
3. 이외에도 공동육아나눔터 운영, 건강가정 다문화지원센터 운영 등이 여성가족부의 가족정책에 포함되어 있습니다.

198 "왜 내가 지도사의 말을 들어야하는가?"는 반문하는 청소년의 대한 지도 방법은?

모범답변 우선 청소년의 관점을 유지하는 것이 무엇보다도 중요합니다. 즉, "왜 내가 지도사의 말을 들어야 하나?"는 반문하는 청소년의 입장에서 생각할 필요가 있다는 점입니다. 존중, 이해심과 함께 청소년의 다양한 차이와 요구를 감안하여 이에 적합한 청소년지도방법을 모색하도록 하겠습니다. 그리고 청소년의 요구를 고려하여 흥미를 가질 수 있는 프로그램 진행도 필요하다고 생각합니다.

199 청소년 선거권의 대해 어떻게 생각하는가?

모범답변 청소년 선거권에 찬성합니다. 정보화가 빠른 시대에 다양한 정보를 접하고 다양한 생각을 가지고 있는 청소년이 자의적인 '성숙'의 잣대에 휘둘려 선거권을 행사하지 못하는 것은 청소년과 관련된 다양한 문제들에 대해 직접 의견을 표출하는 것을 막는 것은 문제라고 생각하기 때문입니다. 청소년들의 정치참여를 통해 우리나라의 정치 실태를 재구성함으로써 민주주의의 발전에 한걸음 나아갈 수 있다고 생각합니다.

200 18세 이상으로 선거연령이 낮추어졌는데 청소년에게 있어 긍정적 요소는 무엇인가?

모범답변 청소년에게 있어 긍정적 요소를 두 가지로 말씀드리겠습니다.
첫째, 참정권의 주체로서 청소년과 관련된 다양한 문제들에 대해 직접 의견을 표출하여 문제해소를 주체적 관점에서 바라보아, 사회적으로 더욱 성숙해질 수 있다는 점입니다. 둘째, 선거에 관심이 많은 청소년들의 선거 참여를 통해, 청소년들을 위한 정책 수립을 가능케 할 뿐만 아니라 선거에 대한 참교육도 이루어질 수 있다는 점입니다.

201. 성교육에 대해 옛날의 교육방식이 어떻게 바뀌어야 된다고 생각하는가?

모범답변 현대 사회에서 청소년들의 성문제는 심각한 수준입니다. 중학생 등의 집단 성폭행의 사건이 그것을 반증해 줍니다. 정규적이고 체계적인 성교육을 받지 못한 청소년들은 또래집단이나 인터넷으로부터 비상식적인 성관련 정보를 획득하며, 성에 대한 무지와 무분별한 성문제를 발생시키고 있습니다. 성에 대한 주입식의 교육보다는 성에 대한 체계화된 지식들을 성교육 프로그램과 토론을 통한 성교육으로 청소년들이 자신의 몸과 성역할에 대하여 올바로 인식하고 건전한 성가치관을 확립하도록 하는 것이 필요합니다.

202. 생활권 수련관에서 할 수 있는 활동은 무엇이 있는가?

모범답변 집 주변에서 일상적으로 이용할 수 있는 생활권 수련시설은 청소년수련관, 청소년문화의집, 청소년특화시설 등이 있습니다. 생활권 수련관에서 할 수 있는 활동은 생활체육 프로그램, 방과 후 아카데미 활동, 특성화 프로그램, 학교연계 프로그램, 청소년봉사활동, 청소년 체험활동 등을 실시하고 있습니다.

203. 청소년의 교내 휴대폰 사용에 대해 어떻게 생각하는지 말해보라.

모범답변

반대 측면
저는 청소년의 교내 휴대폰 사용에 대해 반대합니다. 일본의 경우 교내에서 휴대폰 소지를 금지하고 있습니다. 다만, 휴대폰 사용에 대해 반대하는 것에는 남에 대한 배려와 피해를 끼치는 것에 대한 극도의 조심함과 엄격한 훈육이 우선되어야 한다고 생각합니다. 그렇게 함으로써, 청소년들에게 수업 중 휴대폰 사용금지에 대한 광범위한 공감대를 형성할 필요가 있다고 봅니다.

찬성 측면
저는 청소년의 교내 휴대폰 사용에 대해 찬성합니다. 교내 휴대폰 소지 금지와 사용시간 제한은 이미 국민권익위원회로부터 인권침해라는 결론이 난 상태입니다. 심각한 휴대폰의 소리 대신 서로 소통되는 마음의 벨소리가 학교 내에 울리기 위해서는 어떻게 하면 교사와 학생이 상호 신뢰하고 존중하는 사랑의 학교를 만들 것인가를 고민하는 것이 중요하다고 봅니다.

204. 청소년 자원봉사와 관련하여 지인(知人)의 자녀가 실제로 봉사활동을 하지 않고 확인서를 받으려고 할 때 어떻게 할 것인가?

모범답변 당연히 저는 잘못된 행동이라고 말씀드리고 이에 대해 확인서를 해 드릴 수 없다고 말씀드릴 것입니다. 그 이유는 청소년 자녀 교육에도 심각한 문제를 초래할 수 있으며, 열심히 자원봉사를 한 청소년과의 형평성에도 문제가 있습니다. 거짓으로 위장한 실적주의는 청소년의 미래에도 도움이 되지 않을 것입니다.

205. 국립청소년우주센터에 대해 설명하라.

모범답변

1. [국립청소년우주센터]는 다가오는 우주시대를 대비하여 청소년이 천문·항공우주에 대한 배경 지식을 실험과 체험으로 알아가는 산지식의 장입니다.
2. [국립청소년우주센터]는 국립 청소년수련원 중의 하나이며, 우주개발 시대의 청소년 육성시설입니다.
3. 사업 목적은 ① 청소년의 우주에 대한 관심, 흥미 및 호기심 유발을 위한 현실적이고 경쟁력 있는 우주체험센터 건립, ② 인근 우주센터와 중복되지 않는 청소년 우주센터 건립, ③ 체험 중심의 우주과학에 대한 기초적 인프라 구축입니다.

206. 아웃리치란?

모범답변 아웃리치는 청소년에게 필요한 서비스를 제공하기 위해 가장 최초로 접근하는 단계로 사례발굴을 위해 지역사회로 찾아나서는 활동입니다. 즉, 아웃리치의 시작은 청소년지도사가 서비스를 이용하지 않거나 서비스에 대한 정보가 없는 청소년, 서비스로 부터 배제된 청소년을 찾는 것으로부터 시작됩니다.

207. 자유학기제와 청소년활동과 연계방안은?

모범답변 자유학기제는 중학교 한 학기 동안 중간고사와 기말고사의 시험부담을 크게 줄이고 진로체험 등의 교육을 집중 실시하는 것입니다. 자유학기제를 성공적으로 정착시키기 위해서는 지역사회에 기반 한 인프라를 적극적으로 활용하여야 할 것이며, 그 중 중학생의 흥미와 수요에 기반 한 프로그램과 인프라를 보유하고 있는 청소년관련 기관과의 인프라 연계가 선행되어야 할 것입니다. 자유학기제를 통해 청소년활동을 활성화하여야 합니다. 그리고 자유학기제 학교와 청소년활동 기관이 서로의 역할을 이해하고 도움을 주고받을 수 있도록 자유학기제와 청소년활동기관에 대한 홍보와 연수가 이루어져야 합니다.

208. 자유학기제가 청소년활동에 미치는 영향은?

모범답변 자유학기제는 청소년활동에 긍정적인 영향을 미친다고 생각합니다. 자유학기제 자율과정 수요조사 결과를 보면 학생들은 체험중심의 수업 방식을 가장 선호하며, 학생들의 희망에 따라 원하는 프로그램을 선택할 수 있는 학생선택프로그램과 다양한 예술 및 체육 활동을 희망하고 있음을 알 수 있습니다. 이러한 활동들을 통해 인성계발은 물론, 자기 주도성을 길러 건강한 성장이 이루어질 수 있다고 생각합니다.

209 자유학기제가 시행되는데, 청소년지도사는 어떤 일을 할 수 있을지?

모범답변 청소년지도사는 지역사회에서 청소년활동 전문가로서의 역할을 수행하게 됩니다. 자유학기제에서 다양한 프로그램을 운영하기 위해서는 학교 교사뿐만 아니라, 지역사회가 함께 노력해야 합니다. 성공적인 자유학기제의 운영 방향으로 학교 밖 지역사회와 삶의 현장 속 학습 환경 조성 등이 요구됩니다. 여기에서 청소년지도사의 역할은 중요하다고 봅니다. 청소년 문화활동, 체험활동 등을 전문적으로 수행하여야 합니다.

210 청소년쉼터 종류와 기간에 대해 설명하라.

모범답변 청소년쉼터는 9~24세의 청소년들을 입소대상으로 하고 있으나, 실질적으로 미성년자 청소년이 이용하고 있으며, 보호기간은 쉼터유형에 따라 일시 쉼터는 7일 이내, 단기 쉼터는 3개월(최장 9개월) 이내, 중장기 쉼터는 3년(1년 단위 연장) 이내를 원칙으로 하고 있습니다.

211 프로그램 평가의 종류는?

모범답변 프로그램 평가의 종류는 프로그램 진행 중에 이루어지는 형성평가, 종결시점에 이루어지는 총괄평가, 목표달성 여부를 측정하는 효과성 평가, 투입과 산출을 평가하는 효율성 평가 등이 있습니다.

212 청소년정책 기본계획에 본인이 바라는 정책이 있다면?

모범답변 저는 청소년정책 기본계획에 청소년의 특별 사회문제에 적극적으로 개입하는 정책을 기획할 것을 제안하고 싶습니다. 즉, 성문제, 학교폭력문제, 진로문제 등의 청소년문제를 사회 진단하여 이에 대한 예방정책과 사후적인 선도정책을 집중적으로 펼쳤으면 합니다. 사회인으로 잘 성장할 수 있도록 사회제도가 발판 역할을 할 수 있는 계기가 되었으면 하는 것이 그 이유입니다.

213 지역사회의 적극성을 이끌어내기 위한 프로그램을 시행한다면 어떤 프로그램을 하고 싶은지?

모범답변 지역사회의 적극성을 이끌어내기 위한 프로그램으로 자원봉사활동프로그램을 진행하고 싶습니다. 자원봉사활동은 많은 지역사회 주민뿐만 아니라, 전문적인 자원들도 함께 할 수 있는 프로그램입니다. 자원봉사활동의 중요성이 모든 계층에게 인식되어 있다고 생각합니다. 프로그램 홍보와 마케팅을 통해 청소년들과 함께 봉사활동이 이루어질 수 있도록 기획하고 싶습니다.

214 청소년수련활동인증제의 인증기준[3]은?

모범답변 청소년수련활동유형은 기본형, 숙박형, 이동형이 있으며, 인증기준은 공통기준의 경우 3개 영역, 6개 기준이며 개별기준의 경우 2개 영역, 8개 기준이고, 특별기준의 경우 5개 영역, 6개 기준이 있습니다.

---

3) [청소년수련활동인증 정보시스템] 사이트 참고

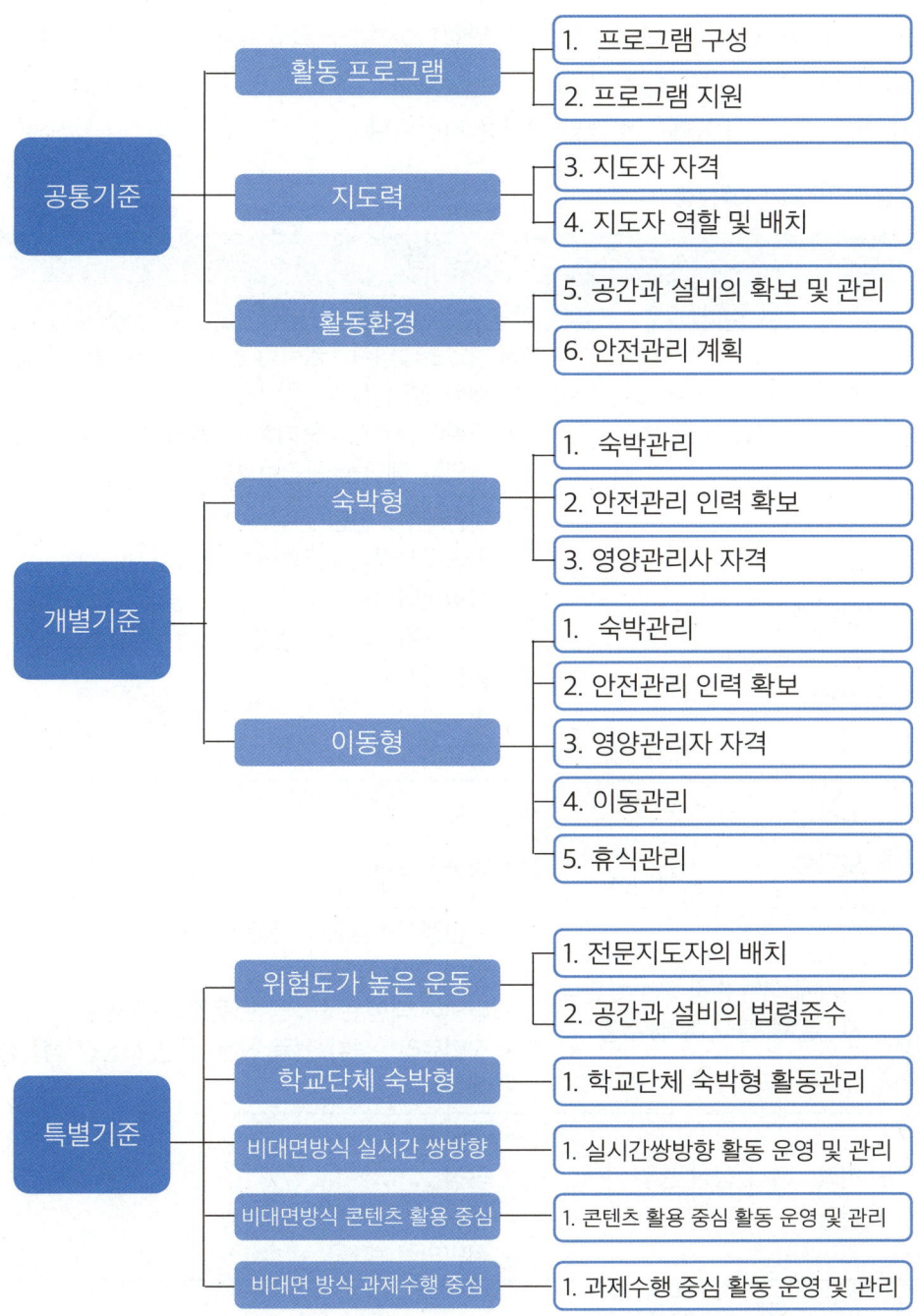

215 인성교육이 청소년에게 미치는 영향은 무엇인가?

모범답변 인성교육이 청소년에게 미치는 영향은 다양하다고 할 수 있습니다. 개인 차원에서는 자기존중 의식으로서, 자신감, 자아수용, 자기표현, 자기통제 등에 긍정적인 영향을 미칩니다. 타인 및 사회 차원에서는 타인 존중의식과 민주 시민의식 등에 긍정적인 영향을 미칩니다.

실력다지기 — 인성의 가치와 덕목 분류

출처(연구)	영역	
	개인	타인 및 사회
조연순 외 (1998)	• 자기존중의식 : 자신감, 자아수용, 자기표현, 자기통제	• 타인존중의식 : 권위의 존중과 수용, 예의범절, 효, 사랑, 배려, 정직, 신뢰 • 민주시민의식 : 준법정신, 봉사정신, 협동정신, 책임감, 정의감, 애국심, 환경보호의식
박효정 외 (2000)	• 정직 • 생명존중 • 환경보호의식 • 절제	• 타인배려 : 연민, 관용, 양보, 친절, 봉사, 헌신 • 공공질서의식 : 준법의식, 공중질서 준수 • 사회연대의식 : 책임과 협동, 공익 우선, 신의 • 애국애족 : 나라사랑, 민족사랑, 인류애 • 경로효친 • 평등의식 • 성윤리
강선보 외 (2008)	• 전인성 • 영성 • 도덕성 • 생명성 　　　　　• 창의성	• 관계성 • 민주시민성
Greenawalt (1996)	• 자기에 대한 존중 : 전념, 인내, 자기통제, 절약, 절제, 수용	• 시민정신 : 권위의 존중과 수용, 평등, 양심과 표현의 자유, 정의의 자유, 관용 • 타인에 대한 존중 : 공손, 동정, 예의범절 • 직업윤리 : 성취, 협동, 신용, 성실, 자신감, 생산성, 창의성 • 애국심
Josephson Institute	• 신뢰 : 정직, 성실, 충실 • 존경	• 책임감 • 공정 • 배려 • 시민의식

216 고3 청소년의 경우, 수능시험 후 권하고 싶은 프로그램은?

모범답변 수능시험 후 청소년에게 문학기행과 민요기행 프로그램을 권하고 싶습니다. 대학진학과 취업을 앞둔 고3 청소년들의 시야를 넓혀주고 인생을 설계하는데 도움을 줄 수 있다고 생각합니다. 수능시험을 마치고 완전히 새로운 영역을 개척해서 시야를 넓히기는 어렵다고 생각되며, 우선 국어교과서나 음악교과서에 나오는 곳을 찾아 친구와 함께 문학기행과 민요기행을 다녀오는 것이 바람직하다고 생각합니다.

217 청소년수련활동인증제는 어디서 맡고 있는지, 그리고 왜 필요한지?

모범답변 청소년수련활동인증제는 다양한 청소년활동에 수련활동이 갖는 일정기준 이상의 형식적 요건과 질적 특성을 갖춘 청소년활동이 정당한 절차로 성립되었음을 공적기관에 의해 증명하는 제도로, 한국청소년활동진흥원이 담당하고 있습니다.

이에 필요성은 ① 청소년이 안전하고 유익한 활동을 선택하여 참여할 수 있도록 양질의 프로그램 제공, ② 청소년에게 안전하고 질적 수준이 담보된 다양한 청소년활동 정보 제공, ③ 참여한 활동내용을 국가가 기록·유지·관리하여 자기계발과 진로모색에 활용하도록 자료 제공, ④ 건전한 청소년활동 선택의 장을 조성하고 청소년활동 전반에 대한 국민적 신뢰 확보를 위함입니다.

218 국제청소년성취포상제와 청소년자기도전포상제가 있는데, 공통점과 차이점이 무엇인지?

모범답변 국제청소년성취포상제와 청소년자기도전포상제의 공통점은 청소년들이 신체단련, 자기개발, 봉사 및 탐험 활동을 통해 무한한 잠재력을 개발하는 자기성장 프로그램이라는 것과 금장, 은장, 동장의 포상 단계가 있다는 것입니다.

차이점은 첫째, 참여 연령입니다. 국제청소년성취포상제의 참가대상은 만14세 이상 만 24세 이하 청소년이며, 청소년자기도전포상제 참가대상은 만 7세 이상 만 15세 이하 이거나 초등학교 1학년 이상 중학교 3학년 이하의 청소년입니다. 둘째, 활동영역입니다. 국제청소년성취포상제는 봉사활동, 자기개발활동, 신체단련활동, 탐험활동, 합숙활동(금장만 해당)이며, 청소년자기도전포상제의 경우는 자기개발, 신체단련, 봉사활동, 탐험활동, 진로개발활동이 있습니다. 셋째, 포상단계인 금장, 은장, 동장의 기간입니다. 국제청소년성취포상제의 포상단계 및 활동기간은 동장은 6개월, 은장은 6개월~12개월, 금장은 12개월~18개월이며, 청소년자기도전포상제의 포상단계 및 활동기간은 동장은 16주, 은장은 16주~32주, 금장은 24주~48주입니다.

219 청소년복지시설과 사회복지시설의 차이점은?

모범답변 청소년복지시설과 사회복지시설의 큰 차이점은 대상자입니다. 청소년복지시설의 대상자는 청소년 및 그 가족이며 사회복지시설의 경우는 청소년에만 국한되어 있지 않다는 점입니다. 그리고 청소년복지시설은 특화된 문제에 개입합니다. 가정 밖 청소년을 위한 청소년쉼터, 청소년의 자립을 돕는 청소년자립지원관, 학습·정서·행동상의 장애를 가진 청소년을 대상으로 치료·교육 및 재활을 종합적으로 지원하는 청소년치료재활센터가 있습니다.

220 '해바라기센터'를 아는 대로 설명하라.

모범답변 해바라기센터는 성폭력·가정폭력·성매매 피해자와 그 가족을 대상으로 상담, 의료, 수사, 법률지원으로 통합운영하고 있으며, 전문 의료진, 상담사, 여성경찰관, 간호사 등이 365일 24시간 종합서비스를 제공하고 있습니다. 현재 전국 의료기관 내에 설치된 해바라기센터는 총 40개소로 위기지원형 17개소, 아동형 7개소, 통합형 16개소로 나누어져 있습니다.

221 청소년단체에 대해 설명하라.

모범답변 청소년단체란 청소년육성을 주된 목적으로 설립된 법인이나 대통령령으로 정하는 단체를 말합니다. 그리고 청소년활동, 청소년복지 또는 청소년보호를 주요 사업으로 하는 단체로서 여성가족부장관이 인정하는 단체를 말합니다.

> **여성가족부장관이 인정하는 단체**
> 1) 정관의 설립목적 또는 목적사업에 청소년활동, 청소년복지, 청소년보호를 주요사업으로 하고 청소년 관련 활동실적이 있는 비영리 법인
> 2) 청소년활동, 청소년복지, 청소년보호를 주요사업으로 하는 단체로서 비영리민간단체지원법에 따라 등록된 단체
> 3) 청소년학과·교육학과 등 청소년 관련학과가 개설되어 있고 청소년활동 실적이 있는 대학(학교법인 포함)

222 지방청소년활동진흥센터란?

모범답변 지방청소년활동진흥센터란 지역사회 청소년단체·청소년기관(시설)의 총괄 및 연계·협력 기능을 강화하고, 청소년활동 진흥을 위한 청소년활동정책 전달 중심기관으로서의 역할을 수행하는 곳으로 17개 시도에 설치되어 있습니다.
지방청소년활동진흥센터는 지역 청소년활동 진흥을 위해 지역 청소년활동의 요구에 관한 조사, 지역 청소년 자원봉사활동의 활성화, 청소년 수련활동 인증제도의 지원, 인증 받은 청소년 수련활동의 홍보와 지원, 청소년활동 프로그램의 개발과 보급, 청소년활동에 대한 교육과 홍보 등의 업무를 수행합니다.

청소년 성폭력이 발생할 때 어떻게 대처할 것인지 말해보라.

<모범답변> 우선 청소년지도사 직무상 청소년대상 성범죄의 발생 사실을 알게 된 때에는 즉시 수사기관에 신고하여야 하므로 이를 신고하는 것이 바람직합니다. 그리고 통합적인 지원체계와 후속처리가 중요할 것입니다. 가해자와의 격리 조치, 법적 대응 여부 결정, 의료적 조치, 후유증 치유상담 등의 통합적인 지원이 이루어질 수 있도록 전문가 또는 부모들과 함께 협력하여 피해 청소년을 원조할 필요가 있습니다.

 프로그램 마케팅에 대해 설명하라.

<모범답변> 프로그램 마케팅이란 개발된 프로그램에 청소년들의 참여를 유도하고, 촉진하기 위해 취해지는 여러 가지 조치들을 포괄적으로 지칭하는 것입니다. 청소년프로그램에 대한 관심 증가, 청소년프로그램을 제공하는 기관의 증가, 프로그램에 대한 청소년들의 요구가 다양화, 특성화되고 있는 추세 등 청소년프로그램을 둘러싸고 있는 환경들이 급격하게 변화되면서, 마케팅의 원리가 청소년기관에도 적극적으로 도입되어야 할 필요성이 증가되고 있습니다. 마케팅은 청소년프로그램에서 청소년은 '고객'으로 존중되어야 한다는 점, 청소년기관과 프로그램의 고유한 특성에 가장 적합한 마케팅의 기법과 전략들이 활용되어야 합니다.

 청소년 아르바이트와 관련해서 법적인 부분에 대해 아는 것이 있는가?

<모범답변> 청소년 아르바이트의 경우 근로기준법이나 최저임금법 등의 적용을 받습니다. 즉, 임금을 받는 것을 목적으로 일할 수 있는 나이는 만 15세 이상이며, 만 15세 미만인 경우는 고용노동부 장관이 발급한 취직인허증이 있어야 일을 할 수 있습니다. 아르바이트를 시작하기 전에는 반드시 근로계약서를 써야 합니다. 근로기준법에는 '사업주는 18세 미만인 청소년에게 근로계약서를 반드시 교부'하도록 되어 있습니다. <u>또한 15세 이상 18세 미만의 청소년은 1일에 7시간, 1주에 35시간을 초과해서 노동할 수 없는 것이 원칙입니다.</u> 다만, 당사자 사이의 합의에 따라 1일에 1시간, 1주에 5시간을 한도로 연장할 수 있다.

226 청소년수련관에 설치되어야 하는 시설이 무엇인지 설명해보시오.

모범답변 소년수련관에 설치되어야 하는 시설은 실내 집회장, 체육활동장, 자치 활동실, 특성화 수련활동장, 상담실, 휴게실, 위생시설, 지도자실, 방송설비입니다.

실력 다지기 청소년수련관 설치 기준 – 시행규칙 별표3

구분	기준
1) 면적 2) 실내 집회장 3) 체육활동장 4) 자치 활동실 5) 특성화 수련활동장 6) 상담실 7) 휴게실 8) 위생시설 9) 지도자실 10) 기타설비 11) 수용정원	• 연건축면적이 1,500제곱미터 이상이어야 한다. • 150명 이상을 수용할 수 있어야 한다. • 연면적 150제곱미터 이상의 실내체육시설을 설치하여야 한다. • 2개소 이상 설치하여야 한다. • 2개 이상의 시설을 선택하여 설치하여야 한다. • 1개소 이상 설치하여야 한다. • 1개소 이상 설치하여야 한다. • 수용정원에 적합한 화장실, 세면장 등을 설치하여야 한다. • 1개소 이상 설치하여야 한다. • 방송설비를 갖추어야 한다. • 2)부터 5)까지에 해당하는 시설(실내시설에 한정한다)을 일시에 사용할 수 있는 적정인원을 말한다.

227 청소년 근로시간에 대해 설명해보시오.

모범답변

 15세 이상 18세 미만의 청소년은 하루에 7시간, 1주일에 35시간을 초과하여 일할 수 없습니다. 그러나 예외적으로 사용자와 청소년 사이에 합의를 한 경우에는 하루에 1시간, 1주일에 5시간을 한도로 연장하여 일할 수 있습니다.

2 18세 미만의 청소년은 오후 10시부터 오전 6시까지의 야간이나 휴일에는 일할 수 없습니다. 다만, 청소년의 동의가 있고, 관할 지방고용노동관서의 장이 인가한 경우에는 오후 10시부터 오전 6시까지의 야간이나 휴일에도 일할 수 있습니다.

228 자신이 존경하는 청소년지도사와 존경하지 않는 청소년지도사는 어떤 사람인가?

모범답변 제가 존경하는 청소년지도사는 지도사의 활동에 대해 슈퍼비전을 잘 해 주셔서 제가 전문가로 성장할 수 있도록 도와주시는 지도사입니다. 즉, 능력 있는 지도사를 존경합니다. 반면, 존경하지 않는 청소년지도사는 자기발전에 등한시하는 지도사입니다. 자기발전이 없는 지도사는 청소년이나 하급자의 자기발전을 인도하는 것은 어려울 것입니다.

229 청소년지도사의 사회적 역할과 책임에 대해 설명해보시오.

모범답변 청소년은 자아정체감을 성취하여야 하는 시기이므로, 주변 인물들의 영향력은 중요합니다. 청소년들에게 중요한 타자는 곧 학습과 동화의 대상이라 할 수 있으며, 중요한 타자로서의 역할을 누군가가 인위적으로 해주어야 하는데, 이러한 맥락에서 중요한 사람이 바로 청소년지도사입니다. 청소년지도사는 청소년의 건전한 성장과 발달을 책임지고 지도하는 사람들이기 때문에 사회적인 책임의식이 무엇보다 중요하다고 생각합니다.

230 만약 청소년관련 단체에서 근무하고 있을 경우, 청소년지도사 자신도 모르게 사건(싸움, 흡연 등)이 발생할 경우 어떻게 대처할 것인지?

모범답변 청소년들 간에 있었던 불미스러운 사건이 있었을 경우에는 우선 이에 대한 사실 확인을 할 필요가 있습니다. 그리고 사실이 확인되었다면 이에 대해 상급자에게 보고하고 기관 차원에서 개입이 이루어질 수 있도록 하는 것이 바람직하다고 생각합니다.

231 학교폭력이 발생하였을 때 청소년지도사로서 어떻게 대처할 것인가?

모범답변 ① 학교폭력이 발생하였을 때 우선 안전을 고려하여, 먼저 폭력 당사자와 주변 학생들을 안전하게 만들어주어야 하겠습니다. ② 그리고 가해자와 피해자를 파악하고, 이들을 합리적으로 지도할 것입니다. 학교 폭력의 경우 당사자 모두가 결국 피해자가 되는 경우가 많기 때문에 피해의 정도를 파악하여 앞으로의 예방대책을 마련하고, 억울함이나 상처를 치유하는데 목적을 두겠습니다. ③ 마지막으로 폭력 장면과 형태를 확인하고 폭력의 심각성 정도 파악과 차별적 지도를 실시하겠습니다. 말다툼이나 가벼운 폭행, 장난형의 일반적 수준의 폭력과 심각한 수준의 폭력 즉, 도구사용 폭력, 집단구타 등을 구분하여 각각의 정도에 따라 대처 방법을 마련해 나가도록 하겠습니다.

232. 청소년 욕설문화에 대해 어떻게 생각하는지 말해보시오.

모범답변 청소년 욕설문화에 대해 10대의 독특한 문화 정도로 인정해주자는 주장과 바람직하지 않다고 보는 주장이 있습니다. 저는 폭주하는 10대의 욕설문화를 안이하게 보는 것에는 문제가 있다고 생각합니다. 2011년에 한 여고생이 자살했는데, 친구들로부터 욕설을 들은 것이 그 원인이라는 분석이 있었으며, 청소년폭력예방재단의 학교폭력 조사에서는 신체폭력이 21%, 언어폭력(욕설)이 18%로 나왔습니다.

욕설문화의 부정적인 영향력은 욕설을 남발하는 가운데에 정신적으로 더 황폐해지고, 폭력적 언행에 무감각해지며, 어휘력이 줄어들고, 자존감이 떨어지게 됩니다. 그러므로 청소년들의 욕설문화를 이대로 방치해선 안 되며, 입시경쟁으로 붕괴되어가는 학교의 교육공동체성을 복원하는 것이 문제해결의 첫걸음이 될 것입니다.

233. 10년 후의 자신의 모습을 이야기해보시오.

<u>- 개별적으로 작성해보기(청소년지도사로의 10년 후 자신의 모습)</u>

234. 청소년단체나 시설의 문제점에 대해 이야기해보시오.

모범답변 전국 청소년단체 실태 조사 및 발전방안 연구(2013)에 따르면, 청소년단체의 기초분석 결과, 청소년단체와 시설의 문제점을 3가지로 말씀드리겠습니다.

첫째, 전반적으로 운영상에 취약한 구조를 갖고 있어 청소년사업 수행에 나쁜 영향을 주고 있습니다. 둘째, 조직구성이 비정규직 비율이 정규직보다 훨씬 높아 청소년사업의 안정성을 해칠 가능성이 높습니다. 셋째, 청소년참여는 아직까지 구체적이고 적극적인 참여보다는 낮은 단계 수준의 참여가 주류를 이루고 있는 가운데, 학교 연계프로그램의 경우도 창의적 활동 등의 연계프로그램은 미흡한 반면, 장학활동이나 수익창출활동은 높다는 문제가 있습니다.

235. 학교 밖 청소년들에게 실질적으로 어떤 도움을 줄 수 있는지 말해보시오.

모범답변 학교 밖 청소년들에게 실질적인 지원은 상담지원, 교육지원, 취업지원, 자립지원, 건강증진, 멘토링 등과 같은 지원을 해줄 수 있습니다.

> **실력다지기** 학교 밖 청소년 유형별 특성을 고려한 맞춤형 지원
>
> 1) 상담지원 : 심리·진로상담 / 자립 학습동기 강화 상담 / 가족 상담 등
> 2) 교육지원 : 복학, 상급학교, 대안학교 진학 지원 / 검정고시 지원 / 학습진단 / 학업중단 숙려상담 등
> 3) 취업지원 : 직업체험 / 진로교육 / 경제활동체험 / 자격취득 / 취업훈련 연계 지원 등
> 4) 자립지원 : 생활 지원 / 근로권익교육 / 문화공간지원 / 의료지원 등
> 5) 건강증진 : 건강검진 / 건강생활 실천관리 지원 / 체력관리 지원 등
> 6) 특성화 프로그램 : 재능 개발 / 자원봉사 활동 / 지역사회 참여 활동 / 지역 특화 체험 프로그램
> 7) 멘토링 프로그램 : 1:1학습지도 / 특기 적성 지도 / 진로상담 / 심리, 정서 지도

236. 청소년들이 정체감을 형성하는 과정에 대해 설명해보시오.

모범답변 청소년기는 '자기에 대한 새로운 탐색기'로서 자신의 존재에 대한 내적인 세계에 관심을 나타내면서 그 속에서 자아를 찾아 독자적인 자아정체감을 형성하고 확립해 가는 시기입니다. 나는 누구이며 왜 존재하고 있는지, 그리고 앞으로 무엇을 하고 어떻게 살아가야 하는지와 같은 문제에 의문을 제기하면서 자아정체감의 위기를 겪게 됩니다. 청소년기에 와서 정체성의 문제가 그 어느 시기보다 두드러지게 나타나면서 자아정체성의 유예를 거쳐 자아정체성이 결정적으로 형성되게 됩니다.

237. 청소년 수련활동 사전신고제에 대한 설명과 함께, 신고대상, 신고대상 활동범위, 신고하는 곳은 어디인지 말해보시오.

모범답변

1 개념

청소년수련활동의 실시 계획을 사전에 신고하고, 신고 수리된 내용을 청소년 및 학부모가 확인할 수 있도록 인터넷 등에 공개하는 제도입니다.

2 신고대상

프로그램을 기획하고, 참가자를 모집하여 청소년수련활동을 주최하려는 자로서, 청소년활동진흥법의 지도·감독을 받는 시설·기관인 청소년수련시설, 청소년활동진흥원, 청소년활동진흥센터와 법률에 따른 비영리 법인 또는 단체가 아닌 경우(주식회사 등)가 해당됩니다.

3 신고대상 활동범위

숙박형의 경우 이동 숙박형, 고정 숙박형 등 숙박하는 수련활동과, 비(非) 숙박형의 경우 청소년 참가인원이 150명 이상인 수련활동/위험도가 높은 청소년수련활동이 해당됩니다.

4 신고하는 곳

신고하는 곳은 시·군·구로서, 청소년수련활동계획 신고 접수 및 수리 및 신고수리 사항 정보 공개 등의 업무를 담당합니다.

238. 프로그램 기획 경험이 있다면 말해보시오.

- 개별적으로 작성해보기

239. 학교 밖 청소년 지원센터가 생기게 된 배경과 센터의 업무는 무엇인지 말해보시오.

모범답변 학교 밖 청소년 지원센터가 생기게 된 이유는 학교와 청소년 지원기관 간의 연계 부족으로 학업중단 학생이 진로·심리상담, 돌봄 서비스 등 필요한 서비스를 제공받지 못하는 등 청소년 보호의 사각지대가 발생하였기 때문입니다. 학교 밖 청소년 지원센터(업무)에서는 학교 밖 청소년의 개인적 특성과 수요를 고려한 상담지원, 교육지원, 직업체험 및 취업지원, 자립지원 등의 프로그램을 운영하고 있습니다.

240. 청소년 활동분야에서 가장 자신 있는 분야와 그 이유를 말해보시오.

- 개별적으로 작성해보기
(청소년수련활동, 청소년교류활동, 청소년문화활동의 여러 분야 중 하나를 선택할 것)

실력다지기 　 청소년활동

1) **청소년수련활동**
   청소년이 청소년활동에 자발적으로 참여하여 청소년 시기에 필요한 기량과 품성을 함양하는 교육적 활동으로서 「청소년기본법」에 따른 청소년지도자와 함께 청소년수련거리에 참여하여 배움을 실천하는 체험활동을 말한다.
2) **청소년교류활동**
   청소년이 지역 간, 남북 간, 국가 간의 다양한 교류를 통하여 공동체의식 등을 함양하는 체험활동을 말한다.
3) **청소년문화활동**
   청소년이 예술활동, 스포츠활동, 동아리활동, 봉사활동 등을 통하여 문화적 감성과 더불어 살아가는 능력을 함양하는 체험활동을 말한다.

241. 청소년 자원봉사활동이 청소년들에게 주는 의미는 무엇인지 말해보시오.

모범답변 청소년 자원봉사활동은 많은 연구에서 긍정적인 영향을 미친다고 보고되고 있습니다. 즉, 정서적인 면에서 부모애착과 친구애착 형성에 도움이 되었으며, 자아관과 관련된 자기신뢰는 자원봉사를 통해 긍정적으로 개선되었습니다. 또한 자원봉사가 직업성숙도의 측면에서 중요한 영향력을 미치고, 일탈행동의 감소와 삶의 만족을 증가하는 것으로 나타났습니다.

242 청소년지도사 중에서 존경하는 인물과 그 이유를 말해보시오.

- 개별적으로 작성해보기
(학창시절, 존경했던 청소년지도사나 학교 선생님에 대한 이야기)

 243 청소년지도사에게 가장 필요한 이성(理性)이 무엇인지 말해보시오.

(모범답변) 이성(理性)은 사물을 가리는 능력이라고도 표현하며, 또는 '옳고 그름을 가릴 수 있는 능력'을 말합니다. 청소년지도사에게 가장 필요한 이성(理性)으로는 책무성이라고 생각합니다. 청소년지도사는 어떤 업무의 수행과 의사결정에서의 책무성의 수용, 그리고 다른 사람의 요구의 수용에 있어 도덕적 원리를 추구해야 합니다. 동시에 청소년지도사는 전문적 지식으로부터의 행동과 전문적 판단을 위한 적절한 합리적 기준을 가지고 있어야 합니다.

 244 청소년 어울림마당에 대해 설명하시오.

(모범답변) 청소년들이 스스로 소통하며 만들어가는 청소년문화 교류의 공간과 지역의 다양한 인적자원이 결합되는 청소년 문화 플랫폼 공간 구현을 통해 진취적으로 조화로운 청소년 성장, 발달을 지원하는 사업입니다.

 245 청소년수련활동 중 말을 듣지 않는 학생이 있다면 어떻게 할 것인가?

(모범답변) 대화는 말하는 이와 듣는 이가 서로의 역할을 계속 바꾸어가면서 이루어집니다. 대화 순서를 적절히 교대하지 않고 상대방이 말할 때 중간에 끼어들거나 자신의 말만 늘어놓는 경우 대화가 잘 이루어질 수 없으며, 말을 잘 듣지 않을 것입니다. 청소년들이 또래 집단이나 청소년지도사와의 대화에서 대화 순서 교대의 중요성을 이해하고 적절히 대화 순서를 교대하며 대화하는 방법을 익혀 나갈 수 있도록 지도하겠습니다.

246 저연령 청소년의 폭행사건으로 인해 소년법 개정이 필요하다는 인식이 확산되고 있다. 여기에 대한 견해는 무엇인가?

모범답변) 우선 소년법의 개정에 찬성하는 입장입니다. 현행 소년법은 가해자가 만 14세 미만이면 형사처벌을 받지 않고 만 18세까지는 최대형량을 20년까지로 제한하고 있습니다. 범죄가 저연령화되어 가고 있기 때문에 범죄연령의 하향조정이 필요하다고 보며, 잔혹한 폭행에 대한 처벌도 강화할 필요는 있다고 봅니다. 다만, 처벌보다 더욱 중요한 것은 선도일 것입니다. 피해자와 가족의 상처를 치유하고 가해자의 선도를 위해 '청소년 1388' 상담을 포함해 '찾아가는 거리상담'을 활성화하여 예방정책에도 힘을 써야 합니다. 또한 잔혹해지고 있는 청소년 범죄에 대해 청소년에 대한 심리학적 분석도 필요하며, 신종 청소년 폭력에 대한 대응방안을 충분히 논의해야 한다고 생각합니다.

247 촉법소년이란 무엇인가?

모범답변) 촉법소년이란, 형벌 법령에 저촉되는 행위를 한 10세 이상 14세 미만 소년을 말한다. [형사 미성년자]로 범죄를 저질러도 형사상 처벌하지 않는다. 대한민국 형법에서 [형사 미성년자]란 14세 미만으로, 나이가 어려 형사책임능력이 없다고 판단되는 사람이다. 「형법」 제9조에서는 [14세 되지 아니한 자의 행위는 벌하지 아니한다]고 명시하고 있다. 다만 피해자들은 보호자를 상대로 손해배상 청구 등의 민사상 책임을 요구할 수 있다.

248 리더십 이론 중 특성이론과 상황이론

모범답변)

1 특성이론(trait theory) = 자질이론
  (1) 특성이론(trait theory)은 리더들이 갖추고 있는 독특한 개성(퍼스낼리티)의 특성이 리더십과 중요한 연관이 있다.
  (2) 개성(퍼스낼러티)의 사례로는, 지능, 지배력, 자기 확신, 정열, 업무 관련 지식, 외모 등의 성향들도 리더십의 효과성과 관련이 있다.

2 상황이론
  (1) 상황이론에서 한 리더의 효과성은 상황에 의존하며 그 결과 동일한 리더가 어떤 조직이나 상황에서는 효과적일 수 있고 또 다른 상황에서는 효과적이지 못할 수도 있다고 본다.
  (2) 허시와 블랜챠드의 상황적 리더십이론
     허시와 블랜챠드는 부하직원의 성숙도를 좀 더 구체적으로 높음, 중간, 낮음으로 단계별로 구분하고, 각 상황마다 리더십 스타일을 지시형, 설득형, 참여형, 위임형으로 구분하였다.

249 오리엔터링(Orienteering)[4]

1. 오리엔터링(Orienteering)은 19세기 중엽 북유럽 제국에서 장교 훈련 과목으로 척후(斥候) 훈련이 실시된 것에서 유래됐으며, 방향을 정하고 지형을 확인한 후 목적지에 갔다가 본부로 되돌아왔다.
2. 오리엔터링(Orienteering)인 독도법은 민간 스포츠 단체에서 차츰 스포츠로서의 기틀을 다지기 시작했으며, 1918년경 스웨덴의 엔스트 킬란드가 청소년들의 체력 향상을 위해 삼림 지역을 무대로 지도와 나침반을 주고 목표 지점을 찾아오게 해 스포츠로 정착시켰다.
3. 이후 북구의 일부 지역에서 성행하다가 1964년 국제 오리엔터링연맹이 설립되면서 전 세계로 확산됐다.

4 경기 방법

(1) 포인트 오리엔터링

포인트 오리엔터링은 가장 널리 실시되는 전통적인 형식이다. 지정된 포스트를 정해진 순서대로 통과해 되도록 빨리 도착점에 돌아오는 것으로 크로스컨트리 오리엔터링이라고도 한다.

(2) 스코어 오리엔터링

스코어 오리엔터링은 주최자가 정한 제한시간 내(통상 90분)에 임의로 포스트를 찾아가 되도록 많은 점수를 모아서 돌아오는 형식을 말한다. 난이도에 따라 각각 10개씩 목표물이 주어진다. 비교적 쉬운 인공 특징물이나 바위벽 등은 10점, 중간 수준인 건물이나 구덩이 등은 20점, 높은 수준인 골짜기와 봉우리 정상 등은 30점이 주어진다.

(3) 라인 오리엔터링

라인 오리엔터링은 주최자가 설정한 코스를 따라 지도에 선으로 표시된 코스에 설치된 포스트를 되도록 빨리 찾아서 돌아오는 형식이다. 릴레이 오리엔터링은 일정한 코스에 따라 팀을 정해 그 팀 구성원이 다른 코스를 주파하고 연속적으로 경기를 진행해 소요 시간으로 순위를 정한다. 코스는 1인당 3~5km이다.

---

[4] 출처 : http://cafe.daum.net/scan0112

CHAPTER 07 청소년정책 용어정리

01 성범죄자 신상정보 공개·고지 제도

모범답변

1. 성범죄자의 신상정보를 공개하여 성범죄를 예방하기 위한 제도는 2000년 7월 1일 「청소년의 성보호에 관한 법률」이 최초로 제정·시행되면서 시작되었다.

2. 2006년 6월 30일에 개정·시행된 「청소년의 성보호에 관한 법률」에 따라 아동·청소년 대상 성범죄자 신상정보 등록·열람제도가 도입되었고, 2008년 2월 4일에 다시 법을 개정·시행하여 아동·청소년 대상 성범죄자의 신상정보 등록·열람제도가 본격적으로 시행되었다.

3. 2010년 1월 1일에는 아동·청소년 대상 성범죄자의 신상정보를 경찰서 열람에서 인터넷에서 공개하는 것으로 개정·시행되었다. 이에 따라 아동과 성인 대상 성범죄자의 신상정보가 20년간 등록·관리 되고 있다. 법원에서 공개명령을 선고 받은 자는 10년 이내에서 신상정보가 공개되고 있다.

02 디딤씨앗 통장(CDA)사업

모범답변

1. 사회적 문제로 미래 성장동력인 아동들에게까지 '빈곤의 대물림'이 이어지는 것을 예방하고 저소득 아동의 자립의지 함양을 위하여 2007년 4월부터 아동발달지원계좌(Child Development Account : CDA)사업을 시행하고 있다.

2. 아동발달지원계좌는 국민들이 쉽게 이해할 수 있고 친근감을 갖도록 2009년 1월부터 「디딤씨앗 통장」이라는 대국민 브랜드 명칭을 사용하고 있다.

3. 디딤씨앗 통장은 도움이 필요한 시설보호·가정위탁·소년소녀가정·공동생활가정·장애인시설 아동·국민기초생활수급자 가정 아동(일부)에게 전달된다. 단순히 개인 용돈이나 물품으로 주는 것이 아닌 만 18세 이후 시설을 떠나 혼자서 살아가야할 아이들을 위해 적게나마 경제적으로 자립할 수 있는 최소한의 도움을 주기 위해서 마련된 제도이다.

---

1) 출처 : 청소년백서, 여성가족부, 재인용

03 경제활동인구(Economically Active Population)

모범답변

1. 일정 연령 이상의 인구 가운데 노동 능력이나 노동 의사가 있어 재화나 서비스의 생산과 같은 경제활동에 기여할 수 있는 인구를 말한다.
2. 일반적으로 취업이 가능한 14~15세 이상의 인구 중 학생·주부·환자 등 노동 능력이나 노동 의사가 없는 사람을 제외한 인구이며, 취업자와 실업자를 포함한다.

04 교육복지우선지원사업

모범답변

1. 저소득층이 밀집한 학교를 선정하여 집중 지원함으로써 학생의 교육·문화·복지 수준을 제고하고 교육격차를 해소하는 데 목적이 있다.
2. 시·도 교육청에서 사업학교 선정기준을 정하며, 선정된 학교에서는 지역사회교육전문가가 심리, 정서 등 교육프로그램을 운영한다.

05 그룹 홈(Group Home)

모범답변

1. 그룹 홈은 1997년 서울시에서 도입한 복지제도로, 보호가 필요한 소년·소녀가장들에게는 시설보호보다 가정보호가 필요하다는 점에 착안하여 한 명의 관리인과 아이들 4~5명을 모아 가족처럼 살도록 한 것이다.
2. 이때 관리모는 아이들에게 부모 역할을 하며, 이를 통해 아이들이 가족과 같은 끈끈한 유대관계를 느끼며 살 수 있게 된다.

06 꿈드림 프로그램 흐름체계[2]

모범답변

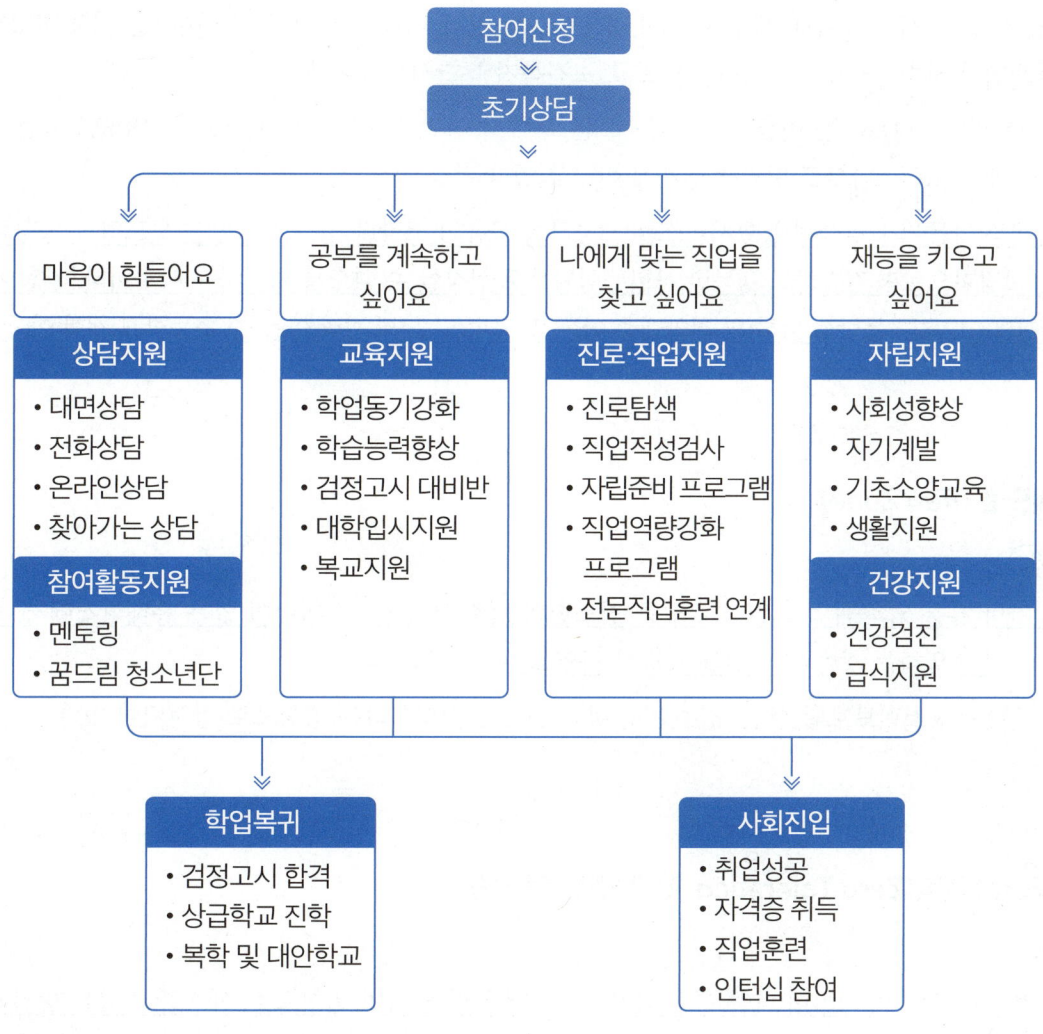

07 교육환경보호구역

모범답변

1. 학생의 보건·위생, 안전, 학습 등에 지장이 없도록 하고자 학교 및 학교 주변에 교육, 환경, 위생에 지장이 있는 행위 및 시설을 제한한 지역을 말하며 쾌적하고, 명랑한 교육환경을 조성하는 것을 목적으로 '교육부'에서 지정하고 있다.

2. 교육환경 보호구역은 '절대보호구역'과 '상대보호구역'으로 구분되는데, 절대보호 구역은 학교출입문으로부터 직선거리로 50미터까지인 지역(학교설립예정지의 경우 학교경계로부터 직선거리 50미터까지인 지역)을 의미하고, 상대보호구역은 학교경계 등으로 부터 직선거리로 200미터까지인 지역 중 절대보호구역을 제외한 지역을 의미한다.

---

2) 꿈드림 홈페이지에서 인용

08 드림스타트(Dream Start)

모범답변

1. 드림스타트의 시초는 학대, 방임 아동이 증가하는 가운데 아동복지 사각지대 해소를 위해 2006년 20개 보건소에서 시범사업으로 실시한 아동보호 보건복지 통합서비스이다.
2. 2007년 희망스타트라는 이름으로 16개 시·군·구에서 시범사업을 실시하였으며, 2008년 사업명을 희망스타트에서 드림스타트로 변경해 현재에 이르고 있다.
3. 취약계층 아동에게 맞춤형 통합서비스를 제공하여 아동의 건강한 성장과 발달을 도모하고 공평한 출발기회를 보장함으로써 건강하고 행복한 사회구성원으로 성장할 수 있도록 지원하는 사업이다.[지원대상 : 0세(임산부)~12세(초등학생 이하)의 취약계층 아동 및 가족(만 12세 이상 아동 중 초등학교 재학 아동 포함)]

09 레드 존(Red Zone)

모범답변

1. 윤락가나 유흥가, 숙박업소 밀집지역 등 청소년의 범죄·비행·탈선 위험이 있는 유해환경에 청소년이 접근하거나 출입하는 것을 막기 위해 지정한 구역을 일컫는 말이다.
2. 레드 존은 「청소년보호법」에는 '청소년 통행금지·제한구역'이라는 명칭으로 명시되어 있다.

10 무관용 원칙(Zero Tolerance, 깨진 유리창 원칙)

모범답변

1. 사소한 위법행위도 죄질이 나쁠 경우 엄격하게 처벌한다는 사법 원칙으로, 깨진 유리창을 방치하면 나중에 그 일대의 도시가 무법천지로 변한다는 '깨진 유리창' 이론에 입각한다.
2. 1994년 미국 뉴욕시는 이 원칙을 도입하여 경범죄, 윤락 등을 집중 단속함으로써 우범지대였던 할렘지역의 범죄발생률을 2년 만에 40%정도 떨어뜨린 바 있다.

11 방과 후 학교

모범답변

1 2006년부터 초·중·고등학교에서 정규 교육과정 이외의 시간에 다양한 형태의 프로그램으로 운영하는 교육체제이다.
2 학생 보살핌, 청소년 보호선도, 자기주도적 학습력 신장, 인성, 창의성, 특기 계발 등을 위한 다양한 프로그램을 개설하여 운영하고, 지역사회와 학교의 여건을 고려하되 수요자인 학생 개개인의 선택권을 최대한 보장한다.

12 사이버 윤리지수(Cyber Ethic Indicator)

모범답변 인터넷 기업이 청소년보호 등 사이버 윤리수준 향상을 위해 인력·예산·기술적 장치·교육시스템 운영 등의 노력을 얼마나 하고 있는지에 대해 객관적으로 측정하고 수준을 진단하는 복합 지표이다.

13 성범죄 신고 의무제도

모범답변

1 아동·청소년의 성보호에 관한 법률」에 의해 누구든지 아동·청소년 대상 성범죄의 발생사실을 알게 된 때에는 수사기관에 신고할 수 있다.
2 또한, 관련 기관·시설 또는 단체의 장과 그 종사자는 직무상 아동·청소년 대상 성범죄의 발생 사실을 알게 된 때에는 즉시 수사기관에 신고하여야 한다.

14 아동 권리 모니터링센터

모범답변

1 우리나라의 아동과 관련한 정책, 제도, 환경 등을 모니터링 하여 이를 근거로 필요한 입법 및 행정 조치와 개선안을 마련하여 아동권리를 신장하고자 보건복지부에 의해 설립되었다.
2 아동권리에 대한 정보 수집, 아동관련 정책의 조정 및 협약 이행사항 감시, 법·정책·서비스 개선 촉구, 아동권리 및 협약에 대한 홍보 기능을 수행한다.

15 유엔 아동권리협약(Convention of the Rights of the Child)

모범답변

1. 아동을 단순한 보호대상이 아닌 존엄성과 권리를 지닌 주체로 보고 이들의 생존, 발달, 보호에 관한 기본 권리를 명시한 협약이다.
2. 이 협약은 1989년 11월 유엔총회에서 만장일치로 채택돼 한국(1990년 가입, 1991년 비준)과 북한을 포함하여 세계 193개국이 비준했다.
3. 3가지 기본원칙 - 아동최선의 이익원칙, 차별금지(무차별)의 원칙, 아동 존중의 원칙

16 우범소년(虞犯少年)

모범답변

1. 죄를 범하지는 아니하였으나 그 성격이나 환경으로 보아 장차 죄를 범할 우려가 있는 10세 이상 19세 미만의 소년을 일컫는다.
2. 우범소년에 대하여는 범죄를 미연에 방지하고 본인을 보호·교도·개선시키기 위하여 형사·정책적으로 보호처분을 부과하는 것이 세계 각국의 예로 되어 있다.
3. 한국의 소년법은 반사회성이 있는 소년에 대하여 그 환경의 조정과 품행의 교정(矯正)을 위하여 보호처분을 하도록 하고 있다.

17 워킹 스쿨버스(Walking School Bus)

모범답변

1. 자원봉사자들이 통학 방향이 같은 초등학교 저학년 어린이들을 모아 안전하게 등·하교를 할 수 있도록 안내해 주는 프로그램을 말한다.
2. '걸어 다니는 스쿨버스'라는 뜻으로, 정해진 시간과 장소에 모인 어린이들이 줄을 서서 걸으면 자원봉사자들이 이들의 앞뒤에서 횡단보도나 인적이 드문 곳 등 위험지역에서도 안전하게 등·하교를 할 수 있도록 돕는다.

18 위 스타트(We Start)

모범답변 저소득층 아동들이 가난의 대물림으로부터 벗어나도록 복지(Welfare)와 교육(Education)의 기회를 제공해 주어 삶의 출발(Start)을 돕자는 취지의 시민운동으로 복지, 교육, 건강 서비스를 3대 축으로 한다.

19 주의력 결핍 및 과잉행동장애(ADHD : Attention Deficit/Hyperactivity Disorder)

모범답변 아동기에 많이 나타나는 장애로, 지속적으로 주의력이 부족하여 산만하고 과다활동, 충동성을 보이는 상태를 말한다. 이러한 증상들을 치료하지 않고 방치할 경우 아동기 내내 여러 방면에서 어려움이 지속되고, 일부의 경우 청소년기와 성인기가 되어서도 증상이 남게 된다.

20 입양 숙려제

모범답변

1 친생부모(특히 미혼모)의 입양결정이 출산 전 또는 출산 직후에 이루어지면서 생기는 문제점을 예방하기 위한 제도로 친생부모의 입양동의가 아동의 출생일로부터 1주일이 지난 후 이루어지도록 법적으로 규정한 것이다.

2 숙려기간 동안에는 친생부모가 아동을 보호하는 것을 원칙으로 한다.

21 아웃리치(Outreach)

모범답변

1 일반적으로는 보다 넓은 지역사회에 대한 봉사활동이라는 의미로 사용되기도 하는 아웃리치는 도움이 필요한 소외계층을 기다리기보다는 직접 현장에 나가 그들에게 도움과 정보를 제공하는 서비스를 말한다.

2 여러 이유로 인해 복지 기관이나 상담소를 찾지 않는 사람들에게 직접 찾아가서 실시하는 구제·지원활동을 말한다.

22 PBL 학습 모델

모범답변 PBL(Project Based Learning) 학습 모델은 제시된 문제를 학습자가 해결해 나가는 과정에서 학습하는 '주도형 학습방식'으로 교수자에 의해 주도되고 지시 받는 교수자 중심 교육에서 벗어나 학생 스스로 주어진 문제를 명확화하고 문제를 해결하며 그 과정과 결과에 대해 책임을 지는 학습 모델을 말한다.

23 쿨링 오프제(Cooling Off)

모범답변 청소년의 게임 중독 예방을 위해 교육부에서 만든 게임 제한 제도로 청소년 사용자가 게임을 시작한 지 2시간이 지나면 자동으로 게임이 종료되며, 10분 후 1회에 한하여 재접속을 가능하게 하고, 게임 시작 후 1시간이 지나면 주기적으로 주의경고문을 나타나게 하는 방법을 말한다.

24 고용촉진장려금

모범답변 일반적인 노동시장에서 채용이 어려운 근로자(고령자, 장애인, 부양가족이 있는 여성실업자, 청년실업자)의 채용을 지원하기 위하여 상기 근로자를 신규 채용하는 사업주에게 정부가 임금의 일부를 지원하는 제도이다.

25 청소년 문화존

모범답변

1. 청소년의 건전한 여가 활용 육성을 위해 놀이마당식 체험 공간에 지역적 특성을 살린 각종 문화 프로그램을 제공하는 사업으로 「청소년활동진흥법」과 국가청소년위원회의 '청소년 문화존 조성지원계획 및 운영'에 따라 각 지자체에서 시행하고 있다.
2. 주 5일 수업제의 확대 실시에 따라 늘어나는 방과 후 시간대에 청소년들 스스로 전국의 광역 생활권 주변에서 쉽게 문화 향수, 문화 감성, 문화 창조 등 다양한 체험 활동을 행할 수 있도록 추진되고 있다.

26 청소년문화활동

모범답변

1. 청소년문화활동은 「청소년활동진흥법」에 따라 청소년이 예술활동·스포츠활동·동아리 활동·봉사활동 등을 통하여 문화적 감성과 더불어 살아가는 능력을 함양하는 체험활동을 말한다.
2. 청소년문화활동은 청소년들에게 문화적 감수성 증진을 통하여 입시위주의 환경 속에서 청소년의 삶의 질을 향상하고자 추진되고 있다.
3. 청소년문화활동은 청소년들이 상시적이고 자율적인 참여를 통해 지역사회 중심으로 청소년 건전문화를 형성하는 데 목적을 둔다.
4. 청소년문화활동은 지방자치단체와 연계하여 운영되고 있으며, 대표적인 사업으로는 청소년동아리활동 지원사업과 청소년어울림마당 운영을 들 수 있다.

27 청소년운영위원회

모범답변 생활권 청소년수련시설의 운영 및 프로그램 등을 청소년들이 직접 자문·평가토록 함으로써 청소년의 수요와 의견을 반영하는 청소년이 주인이 되는 시설이 되도록 하기 위해 설치한 위원회를 말한다.

28 청소년참여위원회

모범답변 청소년들이 중앙정부 및 지방자치단체의 정책 및 사업과정에 주체적으로 참여하도록 함으로써 청소년 시책의 실효성을 제고하고 권익 증진을 도모하는 것을 목적으로 한다.

29 한국청소년단체협의회

모범답변 국내 청소년단체들의 자발적인 민간협의체로 약칭 '청협(靑協)'이라 한다. 국가 발전에 이바지 할 수 있는 바람직한 청소년 육성과 국내외 청소년단체 상호 간의 협력 및 교류와 지원을 목적으로 하고 있다.

30 청소년 희망센터

모범답변

1. 2011년부터 여성가족부 위탁사업의 일환으로 한국청소년상담복지개발원 내에 설치된 청소년 권리 전담 기구이다.
2. 권리의 주체자이자, 의무자인 청소년들이 자신의 권리를 지키고 타인의 권리를 존중해주며 희망 속에 살아갈 수 있도록 돕기 위해 청소년 권리과제 발굴 및 모니터링, 교육·홍보, 프로그램개발·보급 등 다양한 활동을 하고 있다.

31 Wee센터

모범답변 Wee는 We(우리들)와 education(교육), 또는 We(우리들)와 emotion(감성)의 합성어로 학교, 교육청, 지역사회가 연계하여 학생들의 건강하고 즐거운 학교생활을 지원하는 다중의 통합지원 서비스망이다.

32 청소년특별회의

모범답변 「청소년기본법」에 의거해 2005년 설치된 여성가족부 소속의 청소년 회의체이다. 여성가족부 및 지방자치단체 청소년참여위원회 위원들과 청소년추진단으로 구성되어 있으며, 타 회의체와는 다르게 청소년특별회의 지역회의를 구성해 의제를 발굴, 예비회의와 평가회의를 거쳐 본회의를 통해 의제를 각 부처에 제안한다. 청소년특별회의에 참여할 수 있는 방법은 청소년특별회의에는 매년 2~4월경 여성가족부를 비롯한 각 시·도 청소년참여위원회 위원 및 청소년추진단 공개 모집 시 지원하여 선발될 경우 참여 가능하다.

> **참고**
>
> **청소년특별회의의 문제점**
> 특별회의 구성원의 대표성 문제, 정책의제에 대한 공감의 부족, 추진 일정의 가변성, 특별회의 구성원의 명확한 역할 정립의 미비 등
>
> **청소년특별회의의 성과**
> 1) 청소년이 제안한 의제가 관련부처의 정책대안 창출로 이어짐
> 2) 청소년이 청소년정책에 직접 참여하는 계기를 마련함
> 3) 특별회의를 계기로 관련부처 간 유기적 업무연계 및 협력 네트워크 구축 가능해짐

33 학교환경 위생정화구역

모범답변

1 학교의 보건·위생 및 학습 환경 보호를 위하여 학교 주변에 학교보건위생에 지장이 있는 행위 및 시설을 제한한 지역을 말하며, 쾌적하고 명랑한 교육환경을 조성하는 것을 목적으로 한다.

2 관할 지역교육청 교육장이 교육감 권한을 위임하여 설정권자 역할을 하며, 설정 범위는 학교와의 거리에 따라 절대정화구역과 상대정화구역으로 나누어진다.

34 내일이룸학교

모범답변 내일이룸학교는 「학교 밖 청소년 지원에 관한 법률」 제10조를 근거로 청소년의 성공적인 사회진출과 경제적 자립을 지원하고자 여성가족부에서 추진하고 있다. 내일이룸학교는 '청소년의 내일(미래 또는 나의일)을 이룬다'는 의미로 학교 밖 청소년, 비진학청소년, 청소년 한부모, 가정 밖 청소년 등 15세 이상 24세 이하의 청소년을 대상으로 하는 맞춤형 직업훈련프로그램이다.

35 학교전담경찰관(School Police Officer)

모범답변 각 초·중·고등학교에 배치돼 학교폭력 예방교육과 상담 등을 담당한다. 강의로 학교폭력에 대한 경각심을 높이고 상담으로 학교폭력 가해·피해 학생을 선도하며 교사와 유기적 관계를 유지해 학교폭력을 예방하는 것이 그 역할이다.

36 학업중단 숙려제

모범답변

1 학업중단 징후 또는 의사를 밝힌 초·중·고 학생 및 학부모에게 Wee센터(Wee클래스), 청소년상담복지센터 등에서 외부 전문 상담을 받으며 2주 이상 숙려하는 기간을 갖도록 하는 제도이다.

2 학생에게 신중한 선택을 할 수 있도록 기간을 부여하는 것이 제도의 목적이다.

실력다지기 학업중단 청소년에 대한 지원방안

1) 청소년이 학업중단시점에서의 교육부와 여성가족부의 조기 개입체계 구축
2) 청소년동반자를 통한 학업중단 청소년 멘토링 서비스
3) 청소년상담복지센터를 통해 학교 부적응 및 학업중단 청소년을 위한 학습역량강화 프로그램 운영
4) 학업능률 저하 청소년이 기초학습능력을 갖출 수 있도록 '학습클리닉' 실시
5) 학업중단 청소년을 위한 특화 학교 밖 교실인 '해밀 프로그램'을 통해 검정고시 및 복교 준비 지원

37 학교폭력

- 학교폭력 전화상담 : 117 / 학교폭력 문자상담 : #0117

모범답변 「학교폭력예방 및 대책에 관한 법률」에 의거하여 학교 내외에서 학생을 대상으로 발생한 상해, 폭행, 감금, 협박, 약취·유인, 명예훼손·모욕, 공갈, 강요·강제적인 심부름 및 성폭력, 따돌림, 사이버폭력 등에 의하여 신체·정신 또는 재산상의 피해를 수반하는 행위를 말한다.

38. 위기청소년 교육센터

모범답변

1. 위기청소년 교육센터는 성매매 피해청소년에 대한 치료·재활교육 강화로 성매매 재유입 방지 및 건강한 사회인으로의 복귀지원을 돕고 있다.
2. 전문가와 5박 6일 동안 숙식을 함께 하며 심리치료, 자존감 증진 프로그램, 성교육, 역할극, 문화활동, 진로탐색 등의 교육을 실시하며, 교육수료 후 의료, 법률, 자립, 학업, 자활 등 대상별 맞춤형 지원을 하는 곳이다.

39. 유엔 지속가능발전목표(SDGs)

모범답변

1. UN SDGs(유엔 지속가능개발목표)는 17가지로 구성되며 2000년부터 2015년까지 시행된 새천년개발목표(MDGs)를 종료하고 2016년부터 2030년까지 새로 시행되는 유엔과 국제사회의 최대 공동목표를 의미한다.
2. 인류의 보편적 사회문제(빈곤, 질병, 교육, 여성, 아동, 난민, 분쟁 등), 지구 환경 및 기후변화문제(기후변화, 에너지, 환경오염, 물, 생물다양성 등), 경제문제(기술, 주거, 노사, 고용, 생산 소비, 사회구조, 법, 인프라구축, 대내외 경제)를 2030년까지 17가지 주요 목표와 169개 세부목표로 해결하고자 이행하는 국제사회의 최대 공동 목표이다.

40. PISA(Programme for International Student Assessment, 국제학업성취도평가)

모범답변

1. 만 15세 학생들의 읽기, 수학, 과학 소양 수준 파악 및 소양 수준에 영향을 주는 배경변인과의 연계 분석을 통해 각국 교육 정책 수립의 기초 자료를 제공하는 것을 목적으로 한다.
2. 이는 지식을 상황과 목적에 맞게 활용할 수 있는 기본적인 '소양'을 강조하는 평가이다. 대부분의 나라에서 의무교육이 종료되는 시점인 만 15세 학생을 대상으로 평가가 이루어진다.
3. 한편, 우리나라의 경우 만 15세 학생의 대부분(약 98%)이 고등학교 1학년에 해당한다.

41 레인보우스쿨

모범답변 '레인보우스쿨'은 이주배경청소년에게 한국어교육, 진로교육, 필수교육, 한국 사회에 대한 기본 정보, 사회적 관계 향상 프로그램 등을 제공하고 정규 교육과정으로의 편입학 지원, 진로 지도 등을 통해 사회 적응 및 정착을 지원한다. 현재는 전국 14개 광역시·도에서 26개소가 위탁운영되고 있으며, 운영기관에 따라 전일제, 시간제 형태로 운영되고, 맞춤형 교육을 제공하여 이주배경청소년이 글로벌 인재로 성장할 수 있도록 조력하고 있다.

42 입학 사정관제와 그 시사점

모범답변

1 입학 사정관제는 대학이 대입전형 전문가인 입학 사정관을 육성하고, 채용함으로써 대학이나 모집단위별 특성에 따라 보다 자유로운 방법으로 대학에 학생들을 선발하는 제도이다.

2 기존의 주입식교육이 더 이상 청소년들에게 무의미하다는 것을 인식하고 청소년정책도 다각도에서 청소년들의 끼와 능력을 발휘할 수 있는 장을 마련해 주는 정책으로 바뀌어야 한다는 것을 시사한다.

43 범죄예방환경설계(CPTED)

모범답변 범죄예방환경설계(셉테드, CPTED)란 용어를 처음 사용한 레이 제프리(Ray Jeffery)는 1971년 "환경설계를 통한 범죄예방(Crime Prevention Through Environmental Design)"에서 도시설계와 범죄와의 관계에 대해 이론적으로 소개하였다.

CPTED란 Crime Prevention Through Environmental Design의 영어 두문자어로 우리말로는 일반적으로 '환경설계를 통한 범죄예방'이라고 표현하고 있다. 구체적으로는 적절한 건축설계나 도시계획 등 도시 환경의 범죄에 대한 방어적인 디자인(defensive design)을 통하여 범죄가 발생할 기회를 줄이고 도시민들이 범죄에 대한 두려움을 덜 느끼고 안전감을 유지하도록 하여 궁극적으로 삶의 질을 향상시키는 종합적인 범죄예방 전략을 말한다.

> **참고** **안심 골목길 조성 사업**
>
> CPTED 설계기법을 활용하여 우리나라 지역사회에서 도입한 사업으로 범죄자에게는 범죄능력 및 실행력을 더 어렵게 하고, 거주자에게는 자신들의 환경 속에서 더욱더 안전함을 느낄 수 있게 해주는 효과를 볼 수 있다. 주요 대상지는 학교 주변, 성범죄나 침입 절도 등 범죄 발생 지역, 공·폐가 밀집지 등이다.

44 메타버스

모범답변 메타버스는 '가상', '초월' 등을 뜻하는 영어 단어 '메타'(Meta)와 우주를 뜻하는 '유니버스'(Universe)의 합성어로, 현실세계와 같은 사회·경제·문화 활동이 이뤄지는 3차원의 가상세계를 가리킨다. 메타버스는 가상현실(VR, 컴퓨터로 만들어 놓은 가상의 세계에서 사람이 실제와 같은 체험을 할 수 있도록 하는 최첨단 기술)보다 한 단계 더 진화한 개념으로, 아바타를 활용해 단지 게임이나 가상현실을 즐기는 데 그치지 않고 실제 현실과 같은 사회·문화적 활동을 할 수 있다는 특징이 있다.

45 STEAM 교육

모범답변 과학기술에 대한 학생의 흥미와 이해를 높이고 과학기술 기반의 융합적 사고력(STEAM Literacy)과 실생활 문제 해결력을 배양하는 교육을 말한다.
여기서 STEAM은 Science(과학), Technology(기술), Engineering(공학), Arts(인문·예술), Mathematics(수학)의 약자다.

46 미디어 교육

모범답변 미디어로 필요한 정보를 찾고 제공되는 정보를 비판적으로 이해하는 데서 나아가, 미디어를 활용하여 정보와 문화를 생산하고 사회에 참여하는 역량을 기르는 교육을 의미한다.
학교 및 청소년 대상 디지털 미디어 교수 학습 지원을 위한 디지털 미디어 문해교육 프로그램 등을 개발 및 운영하며 해당 플랫폼으로는 미리네와 미디온이 있다.

47 늘봄학교

모범답변 늘봄학교란 '늘 봄처럼 따뜻한 학교'라는 의미를 담고 있으며, 학교 안팎의 다양한 교육자원을 활용하여 희망하는 초등학생에게 정규수업 전후로 제공하는 양질의 교육·돌봄(Educare) 통합 서비스이다.
늘봄학교는 학부모의 돌봄 부담을 경감하고, 출발점 시기의 교육격차를 해소할 수 있도록 모든 학생에게 개별화된 교육과 돌봄을 지원하기 위해 마련되었다.
2023년 시범운영을 통해 지역별·학교별 여건에 맞는 다양한 늘봄학교 모델을 개발하여 2025년에는 전국으로 확산할 계획이다.

48 리걸 클리닉(Legal Clinic)

모범답변 로스쿨(법학전문대학원)에서 운영하는 실습식 교육방식으로, 로스쿨 학생들이 실무교수의 지도 하에 지역 주민을 상대로 무료 법률지원과 법률상담 봉사활동 등을 하면서 실무능력을 기르도록 하는 제도다. 리걸클리닉 소송은 로스쿨 학생들이 변호사비 없이 무료로 소송을 진행해 법률서비스 소외계층을 지원하는 역할을 하고 있다.

49 위기청소년 특별지원

모범답변 보호자가 없거나, 실질적으로 보호자의 보호를 받지 못해 사회·경제적으로 어려움이 있는 만 9~24세 이하 위기청소년에게 생활비·치료비·학업지원비 등을 현금 또는 물품으로 지원해주는 제도이다.

실력다지기 위기청소년 특별지원의 종류 및 내용

1) 생활지원(월65만원 이하) : 일상 생활에 필요한 기초생계비
2) 건강지원(연200만원 이하) : 진찰, 검사, 치료, 입원, 재활 등
3) 학업지원(수업료 : 월15만원 이하, 검정고시 : 월30만원 이하) : 입학료, 수업료, 학원비 등
4) 자립지원(월36만원 이하) : 기술 및 기능습득을 위한 비용, 진로상담 및 직업체험 비용
5) 상담지원(월30만원 이하) : 가족상담, 심리검사, 상담프로그램 참가비용
6) 법률지원(연350만원 이하) : 소송 및 법률상담비용
7) 청소년 활동지원(월30만원 이하) : 수련활동비, 문화활동비, 교류활동비 등
8) 기타 : 수치심을 느낄 수 있는 외모나 흉터 교정, 교복 및 체육복 지원, 학용품비 등

50 자립해냄

모범답변 자립해냄 모바일 앱은 가정 밖 청소년의 가출 이후 거리 배회 시간을 줄이고 안정적인 자립 지원을 돕는 앱이다. 전국 청소년쉼터 검색, 자립준비 자가진단, 맞춤형 자립정보 제공, 청소년상담 1388 상담연결 등의 기능을 가지고 있다.

51 세계 청소년 자원봉사의 날(Global Youth Service Day)

모범답변 세계 청소년 자원봉사의 날(Global Youth Service Day)은 전 세계적으로 개최되는 행사로서 1998년에 시작되었고, 100여 개 이상의 국가에서 시행하고 있다. 대한민국에서도 2001년부터 청소년을 중심으로 국제적 행사에 동참하기 위한 세계청소년자원봉사의 날(Global Youth Service Day) 행사를 한국청소년활동진흥원에서 주관하고 있다. 2018년에는 '청소년의 자기주도적 봉사활동을 통한 지역사회 현안 해결'을 주제로 운영되었으며 6,232명이 참여하였다. 2019년 이후로 전 세계적인 코로나 팬데믹으로 인해 행사가 무기한 중지된 상태이다.

52 세계스카우트잼버리

모범답변 세계스카우트잼버리는 세계스카우트연맹이 4년마다 개최하는 전 세계적인 청소년 야영 축제 활동으로 전 세계 150여 개 회원국에서 수만 명의 청소년(만 14세~17세)과 지도자들이 참가하여 다양한 프로그램을 통해 문화교류와 우애를 나눔으로써 청소년들이 세계시민으로 성장하는데 기여하는 세계 최대의 청소년 국제행사이다.

2017년 8월, 아제르바이잔 바쿠에서 열린 '제41차 세계스카우트총회'에서 대한민국이 '제25회 세계스카우트잼버리' 개최국으로 선정되었으며, 2023년 8월에 전라북도 부안군 새만금 일원에 조성된 잼버리 야영장에서 개최되었다.

부록
PART 02

CHAPTER 01 청소년활동 공모프로그램 사례

CHAPTER 01 청소년활동 공모프로그램 사례

지역사회 문화예술교육 활성화 지원사업 일반 공모(개별프로그램 지원) 사업신청서			
사업명		"우리 동네, 음악을 입다."	
주관 단체 정보	단체명	교육문화공동체 ○○○	
	단체주소	(우: 503 -) 광주 ○구 ○○동 ○○	
	전화		홈페이지
담당자 정보	대표자명		핸드폰
	담당자명		핸드폰
			이메일
향유 기관 정보	기관명		
	기관주소		
	담당자명		핸드폰
			이메일
사업 지역		광주	
사업 기간		20××.4.1.~20××.12.16.	
신청 예산	16,000,000원	국비	8,000,000원
		지방비(광역)	8,000,000원
		지방비(기초)	원
유의 사항		• 동 사업은 국가 예산으로 원하는 사업으로 기재하신 사항은 공공의 목적으로 공개될 수 있음을 양지하시기 바랍니다. • 신청하신 내용이 허위로 밝혀질 경우 심사에서 제외될 수 있으며, 선정이 확정된 사업이라도 취소될 수 있습니다. • 신청서를 제출하신 후에는 수정을 할 수 없으니, 제출하시기 전에 기재한 사항에 틀린 내용이 없는지 확인하여 주시기 바랍니다. • 선정이 확정된 사업이라도 일부내용이 적절하지 않다고 판단되는 경우에는 수정을 요구할 수 있으며, 이를 불이행시 선정결정이 취소 될 수 있습니다.	

이 신청서에 기재된 내용과 첨부 자료는 모두 사실이며,
「지역사회 문화예술교육 활성화 지원사업 - 일반공모」사업계획서에 수록된 내용을 인지하고 동의하며 준수할 것을 약속합니다.

20×× 년 ××월 ××일
신청단체명 (직인)

01 사업개요

1 추진배경

1) 지역적 배경 및 필요성

(1) 사회취약계층 아동·청소년들이 삶의 즐거움을 찾고 긍정의 에너지를 발산할 수 있도록 일상 속 활동이 필요하며, 이를 통해 그들이 발산하는 활기찬 에너지가 역으로 그들이 살아가는 마을로 환류 될 수 있는 기획이 필요함

(2) 대부분의 소외계층 아동들의 경우 자신이 속한 공동체에 대한 불만과 불신을 가지고 있기 마련이며, 이는 다시 사회 불안 요인으로 작용하고 있음

⇒ 소외계층 아동 청소년들에게 자신의 동네를 알아갈 수 있는 계기를 열어주고, 동네를 향한 애정을 가질 수 있는 프로그램을 제공하여야 함

(3) 대부분의 예술교육은 고비용을 지불해야 하며, 그 중 음악교육은 부모의 능력이 아동의 학습가능성을 결정하는 경우가 대부분임. 그러나 저소득층 아동·청소년의 경우 열악한 환경 때문에 음악관련 문화예술교육을 받기 어려움

⇒ 저소득층 아동·청소년들에게 양질의 음악 관련 문화예술교육을 실시함으로써 문화자본을 쌓을 수 있는 기반을 제공하고자 함

2) 교육대상의 정서·심리적 배경 및 필요성

(1) 대다수 사회취약계층 아동·청소년들이 경제적 이유로 인해 부모의 돌봄과 사교육 영역에서 방임 방치되고 있는 실정이며, 그들은 학습의욕이 대체로 낮은 편이고 정서적으로도 불안정하며 사회적 관계성도 떨어짐

⇒ 사회취약계층 아동·청소년들에게 정작 필요한 것은 삶의 목표를 발견하고 자존감과 자기 효능감을 증진시킬 수 있는 활동이며, 또한 그들에게는 타인과 새로운 관계를 만들고, 타인과 공감하며 큰 의미를 찾아가는 사회적 관계성 회복이 절실함

(2) 또한, 삶에 있어서도 소극적이며, 자신감이 결여되어 있고 일상을 주체적으로 삶을 살아가기 보다는 단지 문화 소비자로 살아가고 있는 아동·청소년들이 대부분임

⇒ 문화 소비자로 살아가고 있는 아동·청소년들에게 대중 앞에서 자신이 만든 곡을 공연할 기회를 줌으로써 자신감을 심어주고, 자기 삶의 주체자로 서도록 하여야 함

2 사업목표

1) **노래 작곡프로그램으로써의 위상을 확립하고 공고히 함**
   - 아동·청소년들이 자신의 이야기를 가사로 쓸 수 있도록, 자신의 일상을 돌아보는 활동과 글쓰기 활동을 실시함
   - 자신의 일상을 가지고 리듬과 멜로디를 만들어내는 작곡 활동을 통해서 창작의 기쁨을 알게 함으로써 문화 향유자를 넘어선 창의적 문화생산자가 되도록 함
   - 작곡 전문강사, 글쓰기 강사가 함께 한 팀이 됨으로써 아동들의 발상과 창작 과정을 쉽게 조직함

2) **아동·청소년에게 자기 발현의 기회와 자신감 신장의 기회를 제공함**
   - 호기심을 자극하는 음악놀이를 통하여 학습의욕이 낮은 아동·청소년이 즐겁게 음악적 요소를 배우도록 함
   - 아동·청소년에게 노래를 만들기, 녹음, 뮤직비디오 만들기, 발표회를 가짐으로써 노래가 만들어지고 소비되기까지의 전 과정을 체험하도록 함으로써 노래에 대한 총체적 경험이 되도록 함

3) **지역의 숨어있는 유휴공간을 발굴하고 활용하여 지역이 아동·청소년을 위한 음악문화예술교육의 장으로 형성하며, 지역과 소통하는 통로가 되도록 함**
   - 지역 유휴공간을 활용하여 음악놀이, 작곡 프로그램을 진행함
   - 우리동네 노래를 만들고, 부르는 과정을 통해서 아동 스스로 지역에 대한 애정을 갖게 되며, 아동·청소년이 자신의 동네를 알고 사랑하며 소통할 수 있는 장을 마련함
   - 아동·청소년이 작사·작곡한 동네 노래가 동네로 다시 환류 되도록 함으로써 지역에 긍정적 에너지를 주고 지역적 자긍심을 회복 하도록 함
   - 장기적으로 아동·청소년의 문화 예술적 성장 및 감수성이 다시 동네로 환류 될 수 있는 문화예술교육 네트워크 조직을 위한 기초를 마련함

3 사업추진체계

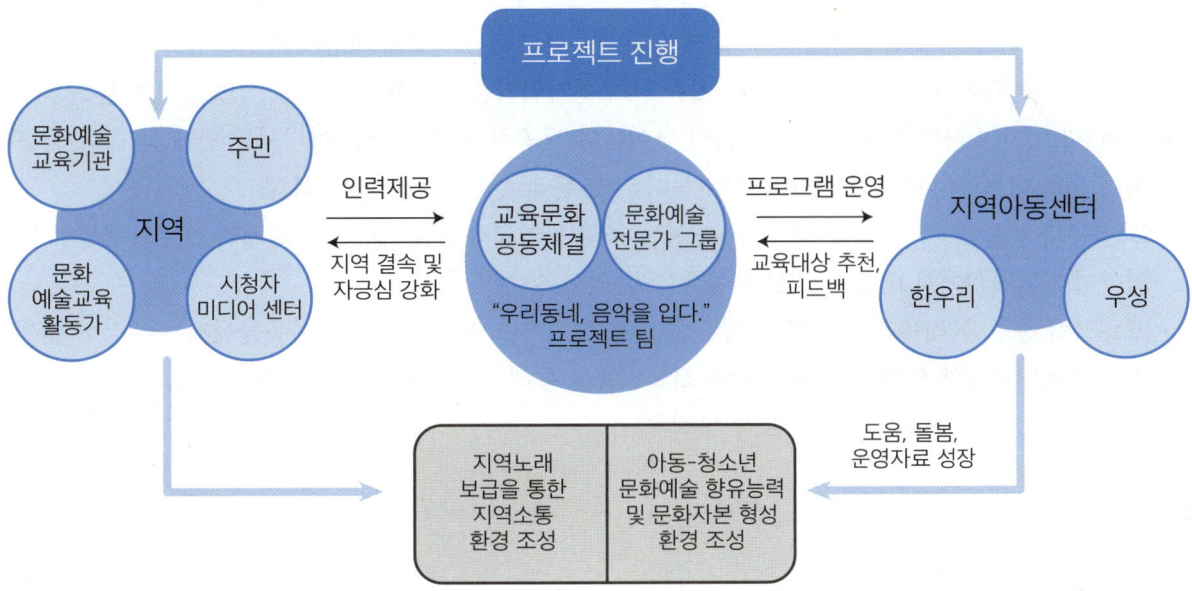

1) **참여자 모집방법**
    - 주요 모집방법은 수혜시설로부터 교육 대상을 추천받아 모집
    - 여기에 부차적으로 지역적 관심을 이끌어내기 위하여 인근 동사무소, 인근초등학교 등과의 협조체계를 구축하여 새로운 교육 대상을 발굴하는 작업도 병행

2) **사업실행 이전 단계**
    - 사전워크숍 2회 개최를 통하여 강사·협력·수혜기관과의 사전소통
    - 1차 : 기획자, 강사, 협력·수혜기관 담당자 간의 기획의도 공유, 협력체계 구축, 교육대상의 특성 파악
    - 2차 : 교육대상의 특성에 맞게 세부 교육내용 및 진행방향 조정

3) **사업 운영단계**
    - 작곡전문 문화예술 강사, 글쓰기강사, 보조강사, 프로그램 기획자, 프로그램 코디로 구성된 프로그램 프로젝트팀 운영
    - 강사와 학생이 각기 수업일지를 작성하도록 권유하고, 가급적 프로그램 사전준비 회의 및 평가회의를 가짐
    - 프로그램 프로젝트팀과 센터 담당자간 프로그램 진행과정 공유회의

4) 사업결과 정리 단계

- 완성된 노래를 전문 오퍼레이터, 지역 연주자의 도움을 받아 녹음, 뮤직비디오촬영을 해 봄
- 결과발표회를 통해 교육성과를 학교 및 지역과 공유함으로써 학교와 아동에게 자긍심을 심어줌
- 사업종료 후 기획자 - 강사 - 협력·수혜기관 간의 평가워크숍을 통해 향후 지속적 발전 방향을 모색함
- 공원, 마트, 버스정류장 등 마을 사람들이 아이들이 작곡한 노래를 마을 어디서든 쉽게 듣고 함께 공유하며 문화 아동들의 예술적 성장 및 감수성이 다시 동네로 환류 될 수 있도록 함
- '교육문화 공동체 ○○○' 안에서 이루어지는 소리 문화교육 프로그램과 연결시켜 프로그램을 매뉴얼화하여 지역사회에서 더 많은 정보를 공유할 수 있도록 함
- 프로그램 종료 후 작곡과 작사에 더 많은 흥미를 느끼거나 관심을 가지는 아동들에게는 주강사 선생님과 교육문화공동체 안에 소리문화 교육 선생님들을 통해 멘토링을 실시하고 동아리 활동을 통해 지속적으로 사업을 연계해 나갈 수 있도록 모색

4 사업개요

- 사업기간 : 20××. 4. 1.~12. 16.
- 사업지역 : 광주광역시
- 향유기관 : 우성지역아동센터
- 사업내용 : 아동·청소년들이 지역의 숨은 이야기를 발굴하고, 노래로 만들어 보고 녹음하여 공연(보급)하는 프로그램
- 총사업비 : 16,000,000원

5 성과목표

(단위 : 명/개)

협력기관 수	향유기관 수	프로그램 수	교육인원(1회)	참여인력(남/여)
3	2	2개 (1개 프로그램×2회 운영)	40명 (1회 20명×2회)	6인(2/5)

6 교육프로그램 세부내용

1) 프로그램명 : 우리동네, 음악을 입다.

- 교육목표 : 소외계층 아동·청소년이 자신의 동네의 노래를 만드는 과정을 거쳐 동네에 대한 애정과 자긍심을 갖도록 하며, 문화예술 감수성을 함양하도록 함
- 교육장르 : 음악 - 작사, 작곡 프로그램
- 교육강사 : 승진아(총 5명)
- 학습대상 : 지역 아동, 청소년
- 교육기간 : 20××. 4. 1.~12. 22. (아동센터 상황에 따라 변경)
- 교육장소 : 우성지역아동센터

• 세부 교육 구성 내용

회차	교육일자	시작-종료시간	교육주제	활동내용	활용 교보재
1	4.1	15:30~17:30	오리엔테이션	- 프로그램 및 강사소개 - 모둠 이름 짓기/약속 정하기	필기도구, 노트, 명찰
2	4.8	15:30~17:30	우리동네 숨은 기억 찾기1	- 우리동네 숨은 기억찾기	필기도구, 노트, 스케치북, 카메라
3	4.15	15:30~17:30	우리동네 숨은 기억 찾기2	- 우리동네 숨은 이야기 말하기 - 상황을 구체화 시켜 말하기	필기도구, 노트, 스케치북
4	4.22	15:30~17:30	우리동네 숨은 기억 찾기3	- 말만들기 - 가사화하기	필기도구, 노트, 스케치북, 멜로디언
5	4.29	15:30~17:30	음악과 말하다1	- 다양한 작곡기법 맛보기 - 레퍼토리에 따라 곡형식 정하기	필기도구, 노트, 스케치북, 멜로디언, 악보
6	5.13	15:30~17:30	음악과 말하다2	- 감정이입, 객관적 상관물 찾기	필기도구, 노트, 스케치북, 멜로디언, 악보
7	5.20	15:30~17:30	음악으로 말하기1	- 테마작곡 + 모둠별 부분작곡	필기도구, 노트, 스케치북, 멜로디언, 악보
8	4.27	15:30~17:30	음악으로 말하기2	- 테마작곡 + 모둠별 부분작곡 - 세부 표현력 및 작곡 다듬기	필기도구, 노트, 스케치북, 악보
9	6.3	15:30~17:30	음악으로 기록하기1	- 곡 완성하기	보면대, 악보집, 피아노, CDP
10	6.10	15:30~17:30	음악으로 기록하기2	- 완성된 곡 연습하기	보면대, 악보집, 피아노, CDP
11	6.17	13:30~17:30	음악으로 기록하기3	- 곡 녹음하기	MR장비
12	6.24	15:30~17:30	음악으로 기록하기4	- 뮤직비디오 콘티 만들기 - 뮤직비디오 찍기	CDP, 캠코더
13	7.1	15:30~17:30	음악으로 기록하기5	- 뮤직비디오 찍기	CDP, 캠코더
14	7.8	15:30~17:30	곡 발표회 준비	- 발표회 초대장 만들기 - 발표회 연습	필기도구, 노트, 명스케치북등
15	7.22	17:30~18:30	곡 발표회 파티	- 곡 발표하기 - 프로그램 마무리 및 소감나누기	필기도구, 노트, 명스케치북등

회차	교육일자	시작-종료시간	교육주제	활동내용	활용 교보재
1	9.2	15:30~17:30	오리엔테이션	- 프로그램 및 강사소개 - 모둠 이름 짓기/약속 정하기	필기도구, 노트, 명찰
2	9.9	15:30~17:30	우리동네 숨은 기억 찾기1	- 우리동네 숨은 기억찾기	필기도구, 노트, 스케치북, 카메라
3	9.16	15:30~17:30	우리동네 숨은 기억 찾기2	- 우리동네 숨은 이야기 말하기 - 상황을 구체화 시켜 말하기	필기도구, 노트, 스케치북
4	9.23	15:30~17:30	우리동네 숨은 기억 찾기3	- 말만들기 - 가사화하기	필기도구, 노트, 스케치북, 멜로디언
5	9.30	15:30~17:30	음악과 말하다1	- 다양한 작곡기법 맛보기 - 레퍼토리에 따라 곡형식 정하기	필기도구, 노트, 스케치북, 멜로디언, 악보
6	10.7	15:30~17:30	음악과 말하다2	- 감정이입, 객관적 상관물 찾기	필기도구, 노트, 스케치북, 멜로디언, 악보
7	10.14	15:30~17:30	음악으로 말하기1	- 테마작곡 + 모둠별 부분작곡	
8	10.21	15:30~17:30	음악으로 말하기2	- 테마작곡 + 모둠별 부분작곡 - 세부 표현력 및 작곡 다듬기	필기도구, 노트, 스케치북, 멜로디언, 악보
9	10.28	15:30~17:30	음악으로 기록하기1	- 곡 완성하기	보면대, 악보집, 피아노, CDP
10	11.4	15:30~17:30	음악으로 기록하기2	- 완성된 곡 연습하기	보면대, 악보집, 피아노, CDP
11	11.11	13:30~17:30	음악으로 기록하기3	- 곡 녹음하기	MR장비
12	11.18	15:30~17:30	음악으로 기록하기4	- 뮤직비디오 콘티 만들기 - 뮤직비디오 찍기	CDP, 캠코더
13	11.25	15:30~17:30	음악으로 기록하기5	- 뮤직비디오 찍기	CDP, 캠코더
14	12.2	15:30~17:30	곡 발표회 준비	- 발표회 초대장 만들기 - 발표회 연습	필기도구, 노트, 명스케치북등
15	12.9	17:30~18:30	곡 발표회 파티	- 곡 발표하기 - 프로그램 마무리 및 소감나누기	필기도구, 노트, 명스케치북등

→ 단체 곡 외에 저학년 고학년 그룹 멘토 시스템을 통해 학년별 모둠 작곡과 뮤직비디오 촬영을 진행할 예정

2) 현장학습 진행계획

- 일시 : 20××. 6. 17/20××. 11. 11. 총 2회
- 장소 : 광주 시청자 미디어 센터
- 참여대상 : 프로그램에 참여하는 아동, 청소년
- 진행내용 : 프로그램을 진행하며 작곡한 곡 MR작업

7 참여인력 현황 : 총 6명

구분	성명	생년월일	성별	소속/직위	사업 내 역할
1					
	문화예술교육 경력				
2					
	문화예술교육 경력				
3					
	문화예술교육 경력				
4					
	문화예술교육 경력				
5					
	문화예술교육 경력				

8 기대효과

1) 개별적으로 문화·예술활동을 접하기 힘든 사회취약계층 아동·청소년들이 문화적 빈곤으로부터 벗어나 문화적 격차를 해소할 수 있는 문화예술교육/학습 모델을 제시할 것으로 기대됨

2) 사회취약계층 아동·청소년들이 자신이 속한 동네를 살펴보고, 가사화 하는 과정을 통해 동네에 대한 애정 및 자긍심을 회복할 것으로 기대됨

3) 사회취약계층 아동·청소년들이 타인과 함께 어울려 마음을 열고 소통할 수 있는 방법을 체득함으로써 서로의 존재에 대한 소중함과 더불어 공동체성을 키우게 될 것으로 기대됨

4) 문화·예술활동 결과를 지역과 공유하는 자리를 통해 사회취약계층 아동·청소년들을 위한 문화·예술 학습 환경 조성에 대한 지역민의 관심과 지지를 이끌어 낼 것으로 기대됨

5) 공원, 마트, 버스정류장, 경로당 놀이터 등 마을 사람들이 많이 모이는 장소에 아이들이 작곡한 노래를 마을 어디서든 쉽게 듣고 함께 공유하며 단기적 프로그램으로 끝나는 것이 아니라 지속적으로 지역 내 파급효과를 가져 올 것으로 기대됨

9 소요예산 : 금 일천육백만 원(₩16,000,000)

(단위 : 원)

항목		세목	예산액	세부산출내역
교육 프로 그램 I	수수료	강사료	5,100,000	• 주강사(연간계약강사) 40,000원×1인×2시간×30회 = 2,400,000 • 보조강사 20,000원×2인×2시간×30회 = 2,400,000 • 특강강사 50,000원×1인×3시간×2회 = 300,000
		보조인력인건비	400,000	• 50,000원×2인×4회 = 400,000
	장치장식비	교육재료비	4,050,000	• 음악장비임대료 100,000×11회×2회 = 2,200,000 • 뮤직비디오 영상 장비 대여 150,000회×4회 = 600,000 • 문구 및 소모품 20,000×50인 = 1,000,000
		현장학습비	1,800,000	• 장비사용료 150,000×2회 = 300,000 • MR작업비 300,000×2회 = 600,000 • 간식비 2,000원×25명×4회 = 200,000 • 교통비 150,000원×2회 = 300,000 • 식비 5,000×30명×2회 = 300,000
		결과발표	1,800,000	• 공연장 및 장비대여 400,000×2회 = 800,000 • 발표회 진행비(식사, 간식, 무대소품 등) 500,000×2회 = 1,000,000
	진행비	홍보비	2,900,000	• 현수막 100,000원×2장 = 200,000 • 음악CD제작 3,000원×100장×2회 = 600,000 • 뮤직비디오 DVD 제작비(편집/디자인포함) 7,000원×100장×2회 = 1,400,000 • 결과자료집(책자) 7,000원×100부 = 700,000
		프로그램 기획비	270,000	• 회의식비 10,000×6인×4회 = 240,000 • 도서구입 15,000×5권 = 60,000

교육 프로 그램 Ⅱ	수수료			
	장치장식비			
	진행비			
콘텐츠 제작	수수료			
	장치장식비			
	진행비			
학습 공동체	수수료			
	장치장식비			
	진행비			
합 계		16,000,000		

REFERENCE
참고 문헌

| 서적 및 간행물 |

- 강병연 외, 청소년육성제도론, 양성원, 2016
- 강세현 외, 청소년활동론, 양성원, 2017
- 김영인 외, 청소년지도방법론, 창지사, 2016
- 김형준, 청소년상담사 2급/3급 이론 수험서, 나눔book, 2025
- 김형준, 심리학, 넥스트스터디 출판사, 2025
- 김형준, 직업상담심리학개론, 넥스트스터디 출판사, 2025
- 권일남 외, 청소년활동론 – 역량개발중심, 학지사, 2012
- 성열준 외, 청소년문화론, 양성원, 2016
- 유진이 외, 청소년 프로그램개발과 평가, 양서원, 2013
- 이용교, 디지털 청소년복지, 인간과 복지, 2021
- 전동일 외, 청소년복지론, 동문사, 2016
- 천정웅, 청소년문제와 보호, 양서원, 2013
- 청소년백서, 여성가족부, 2024_2025
- 청소년상담사 면접가이드북, 김형준 외, 나눔book, 2025
- 청소년지도사 이론서, 김형준 외 공저, 나눔book, 2019
- 한국청소년정책연구원, 청소년학개론, 교육과학사, 2014
- 한림대학교 청소년지도사 면접특강 자료, 2014
- 그 외 다수의 논문

| 홈페이지 & 포털 사이트 |

- 국가 통계지표(통계청)
- 대구청소년넷
- 법제처
- 여성가족부
- 청소년수련활동인증 정보시스템
- 청소년관련 단체
- 청소년지도사 관련 카페 등
- 포털 사이트(구글, 네이버, 다음)
- 한국청소년상담복지개발원
- 한국청소년활동진흥원

김형준 교수

- 사회복지학 박사, 교육학 박사, 심리학 박사
- 현) 오산대학교 사회복지상담과 겸임교수
- 현) 서울상담복지협동조합 이사장
- 현) 한국유아보육복지학회 학술이사
- 현) (사) 대한민국가족지킴이 등기이사
- 현) 노량진 메가공무원 학원 강사(사회복지학, 직업상담심리학, 심리학)
- 현) 나눔book 대표
- 현) 나눔복지교육원 대표
- 현) 에이치알디이러닝(주) 대표이사

2025 김형준 청소년지도사 면접가이드 1·2·3급 공통
- 면접기출 족보 / 5가지 면접 평정항목 수록 -

발행일 2025년 6월 12일

발행인 조순자
펴낸곳 인성재단(나눔book)
편저자 김형준
표지디자인 김지원
편집디자인 김지원

※ 낙장이나 파본은 교환해 드립니다.
※ 이 책의 무단 전제 또는 복제행위는 저작권법 제136조에 의거하여 처벌을 받게 됩니다.

정 가   30,000원   ISBN   979-11-94539-86-5